Verena Euler

Deutsch 7/8 berufsbezogen

Lehrplaninhalte und Berufsorientierung verbinden

Gedruckt auf umweltbewusst gefertigtem, chlorfrei gebleichtem und alterungsbeständigem Papier.

1. Auflage 2018
© 2018 Auer Verlag, Augsburg
AAP Lehrerfachverlage GmbH
Alle Rechte vorbehalten.

Das Werk als Ganzes sowie in seinen Teilen unterliegt dem deutschen Urheberrecht. Der Erwerber des Werks ist berechtigt, das Werk als Ganzes oder in seinen Teilen für den eigenen Gebrauch und den Einsatz im Unterricht zu nutzen. Die Nutzung ist nur für den genannten Zweck gestattet, nicht jedoch für einen weiteren kommerziellen Gebrauch, für die Weiterleitung an Dritte oder für die Veröffentlichung im Internet oder in Intranets. Eine über den genannten Zweck hinausgehende Nutzung bedarf in jedem Fall der vorherigen schriftlichen Zustimmung des Verlags.

Sind Internetadressen in diesem Werk angegeben, wurden diese vom Verlag sorgfältig geprüft. Da wir auf die externen Seiten weder inhaltliche noch gestalterische Einflussmöglichkeiten haben, können wir nicht garantieren, dass die Inhalte zu einem späteren Zeitpunkt noch dieselben sind wie zum Zeitpunkt der Drucklegung. Der Auer Verlag übernimmt deshalb keine Gewähr für die Aktualität und den Inhalt dieser Internetseiten oder solcher, die mit ihnen verlinkt sind, und schließt jegliche Haftung aus.

Covergestaltung: annette forsch konzeption und design, Berlin
Illustrationen: Steffi Aufmuth, Corina Beurenmeister, Boris Braun, Julia Flasche, Carmen Hochmann, Steffen Jähde, Kristina Klotz, Hendrik Kranenberg, Bettina Weyland, Georg Wieborg
Satz: tebitron gmbh, Gerlingen
Druck und Bindung: Korrekt Nyomdaipari Kft, Budapest
ISBN 978-3-403-08044-2

www.auer-verlag.de

Inhaltsverzeichnis

Vorwort 4

1. Sprachlicher Umgang: zuhören, situations- und adressatengerecht sprechen
1.1 Interview (Tierwirt/-in der Fachrichtung Schäferei) 5
1.2 Rollengespräch/-spiel (Fachverkäufer/-in für Kosmetik und Körperpflege) 7
1.3 Telefonat (Servicefachkraft für Dialogmarketing m/w) 10
1.4 Sinngestaltendes Sprechen und Lesen (Atem-, Sprech- und Stimmlehrer/-in) 12

2. Sich und andere informieren
2.1 Einen Vortrag halten (Diätassistent/-in) 15
2.2 Informationen auswählen und aufbereiten (Fachangestellte/-r für Medien- und Informationsdienste der Fachrichtung Information und Dokumentation) 18
2.3 Tabellen und Diagramme lesen und verstehen (Beamter/Beamtin im mittleren Wetterdienst) 22
2.4 Die Bedeutung nichtsprachlicher Zeichen verstehen (Textilreiniger/-in) 25

3. Umgang mit neuen Kommunikationsmedien
3.1 Eine E-Mail verfassen (Kaufmann/-frau für Büromanagement) 27
3.2 Manuelles und digitales Nachschlagen (Buchhändler/-in) 31
3.3 Ein Faxformular ausfüllen (Tourismuskaufmann/-frau) 34

4. Textproduktion
4.1 Berichten (Beamter/Beamtin im mittleren feuerwehrtechnischen Dienst) 37
4.2 Tätigkeiten beschreiben (Koch/Köchin) 39
4.3 Wege beschreiben (Fachkraft im Fahrbetrieb m/w) 41
4.4 Tiere beschreiben (Tierpfleger/-in der Fachrichtung Tierheim und Tierpension) ... 44
4.5 Personen beschreiben (Polizeivollzugsbeamter/-beamtin im mittleren Dienst) 46
4.6 Versuchsprotokolle anfertigen (Physiklaborant/-in) 48
4.7 Angebote erstellen (Immobilienkaufmann/-frau) 51
4.8 Produkte bewerben (Mediengestalter/-in Digital und Print der Fachrichtung Konzeption und Visualisierung) 53

5. Grammatiktraining
5.1 Aktiv und Passiv (Verwaltungsfachangestellte/-r der Fachrichtung Kommunalverwaltung) 55
5.2 Indirekte Rede (Justizfachangestellte/-r) 57

6. Nachdenken über Sprache
6.1 Rechtschreibfehler korrigieren (Restaurantfachmann/-frau) 60
6.2 Textkorrektur (Hotelkaufmann/-frau) 62
6.3 Fremdwörter verstehen und verwenden (Konditor/-in) 64

Lösungen 66

Quellenverzeichnis 87

Vorwort

Oftmals fällt es schwer, den Schülern[1] im Rahmen des Unterrichts die Relevanz der vermittelten Fachinhalte für ihr späteres Berufsleben aufzuzeigen. Der Fachlehrer sieht sich daher häufig mit der Frage „Was nützt mir das für später?" konfrontiert.

Das vorliegende Arbeitsheft bietet genau hierfür eine Lösung: Es nimmt berufspraktischen Bezug auf die Lehrplaninhalte bzw. die Kerncurricula, sodass die Berufsvorbereitung ganz „nebenbei" in den Fachunterricht integriert werden kann, ohne zusätzlichen Vorbereitungsaufwand zu erzeugen. So wird den Schülern ermöglicht, die Wichtigkeit der behandelten Themen in Hinblick auf ihre Berufswahl zu erkennen.

Da die Themen mit passenden Berufsbildern verknüpft werden, können sich die Schüler ihrer Kompetenzen bewusst werden und diese hinsichtlich der Berufsorientierung nutzen. In erster Linie sollen den Schülern eigene Neigungen, Interessen und Fähigkeiten deutlich werden. Darüber hinaus lernen sie verschiedene Berufe kennen und können sich so konkretere Vorstellungen von ihren späteren Möglichkeiten verschaffen. Hinblickend auf Berufspraktika können sie dadurch eine gezieltere Auswahl treffen.

Bei allen genannten Berufen handelt es sich um tatsächliche Ausbildungsberufe, die nach dem Haupt- oder dem Realschulabschluss erlernt werden können.

Das Arbeitsheft ist in sechs Hauptthemen und 24 Unterthemen gegliedert, die sich am Lehrplan orientieren. Jedem Unterthema ist ein spezifischer Beruf zugeordnet. Dabei werden nicht nur Berufe hervorgehoben, deren Fachbezug offensichtlich ist, sondern auch solche, bei denen dieser auf den ersten Blick nicht erkennbar erscheint.

Den Schülern wird zunächst der Beruf in seinen Aufgabenfeldern vorgestellt, sodass sie einen Einblick in die Tätigkeit erhalten. Daraufhin folgen Aufgaben, die sich auf die beschriebenen Berufe beziehen. So können die Arbeitsblätter gezielt im Unterricht eingesetzt werden, bringen zudem die unterrichtlichen Inhalte voran und motivieren durch ihre Anwendungsbezüge. Durch die realitätsnahen Situationen wird stets eine Vielzahl von Kompetenzen abgedeckt und auf verschiedenen Anforderungsniveaus erweitert.

---

[1] Aufgrund der besseren Lesbarkeit ist in diesem Buch mit Schüler auch immer Schülerin gemeint, ebenso verhält es sich mit Lehrer und Lehrerin etc.

1.1 Interview (Tierwirt/-in der Fachrichtung Schäferei)

Was macht eigentlich ein Tierwirt/eine Tierwirtin der Fachrichtung Schäferei?

1. Erstelle die Berufsbeschreibung für Tierwirt/-in der Fachrichtung Schäferei selbst, indem du ein Interview durchführst.

   a) Überlege dir mindestens zehn Fragen, die du stellen möchtest und in deinem Heft notierst.
   b) Führe das Interview und schreibe die Antworten in dein Heft. Du kannst hierzu Informationen im Internet recherchieren.
   c) Fertige aus deinen gesammelten Informationen sowie den dargestellten Bildern eine kurze Berufsbeschreibung an.
   d) Lest euch die Beschreibungen gegenseitig vor und macht gegebenenfalls Ergänzungen.

2. Der Beruf Tierwirtin/-in der Fachrichtung Schäferei gehört zu den eher seltenen Ausbildungsberufen. Außerdem ist er auch von regionalen Bedingungen (Feld- und Wiesenlandschaft) abhängig.

   Verschafft euch einen Überblick, welche Berufe in eurer Region angeboten werden. Wenn ihr das Angebot kennt, gestaltet sich vielleicht eure Suche nach einem Praktikums- oder Ausbildungsplatz leichter.

   a) Jeder in der Klasse wählt einen Beruf, der in der Umgebung ausgeübt werden kann. Informiert euch über diesen mithilfe des Internets.

Sprachlicher Umgang: zuhören, situations- und adressatengerecht sprechen

1.1 Interview (Tierwirt/-in der Fachrichtung Schäferei)

b) Interviewt eine Person mit einem anderen Berufsfeld. Alle haben dabei die folgenden Fragen zu stellen:

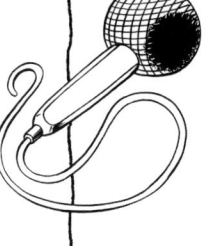

- Wie lautet die vollständige Berufsbezeichnung?
- Wo arbeiten Sie in diesem Beruf? (Arbeitsort)
- Welche typischen Tätigkeiten/Aufgaben haben Sie zu erledigen?
- Wie sind Ihre Arbeitszeiten?
- Welche persönlichen Stärken sind für diesen Beruf wichtig?
- Welche Schulfächer sind von Bedeutung?
- Welchen Schulabschluss benötigt man?
- Wie lange dauert die Ausbildung?
- Welche Weiterbildungs-/Aufstiegsmöglichkeiten gibt es in diesem Beruf?
- Welche ähnlichen/verwandten Berufe gibt es?

c) Fertigt mit den Fragen und den dazugehörigen Antworten auf einem DIN-A4-Blatt einen Steckbrief an.
d) Hängt die Steckbriefe aus und macht einen „Museumsrundgang".
e) Entwerft auf einem Plakat eine Praktikums-/Ausbildungsplatzkarte zu eurer Region und hängt diese im Klassenraum auf, damit ihr auf einen Blick seht, welche Betriebe ausbilden oder ein Praktikum anbieten. Geht dabei folgendermaßen vor:

- Informiert euch, welche Betriebe es im Umkreis von 30 km gibt. Nutzt zur Recherchearbeit unter anderem das Branchenverzeichnis Die Gelben Seiten und die Internetseite MeineStadt.de. Organisiert zudem Broschüren sowie einen aktuellen Stadtplan im Stadt- bzw. Gemeindebüro oder nehmt telefonisch bzw. persönlich direkt Kontakt mit den ortsansässigen Betrieben auf.
- Sortiert alle zusammengetragenen Informationen (Doppelungen gilt es zu vermeiden) und kopiert den Stadtplan farbig, vergrößert auf das Maß DIN A2.
- Wählt Stecknadeln mit gelben Köpfen für Betriebe, die Praktikumsplätze anbieten, und Stecknadeln mit blauen Köpfen für Ausbildungsbetriebe.
- Zur Kennzeichnung, wo sich die einzelnen Betriebe befinden, verwendet ihr weiße Pins und nummeriert diese im Uhrzeigersinn durch.
- Abschließend notiert ihr auf einem DIN-A3-Blatt hinter der entsprechenden Nummer den Namen des Betriebs.

1.2 Rollengespräch/-spiel (Fachverkäufer/-in für Kosmetik und Körperpflege)

Was macht eigentlich ein Fachverkäufer/eine Fachverkäuferin für Kosmetik und Körperpflege?

Diesen Beruf kann man ausüben, wenn man eine Ausbildung in einem der Bereiche Drogerie, Einzelhandel oder Verkauf abgeschlossen hat. Fachverkäufer/-innen für Kosmetik und Körperpflege beraten ihre Kunden über Pflege- und Kosmetikprodukte sowie Parfüms. Für jeden Typ stellen sie die passenden Pflegeprodukte für Haut, Haare und Nägel zusammen und informieren auch über die Wirkungsweise der Inhaltsstoffe. Möchten Kunden geschminkt werden, dann wird auch dieser Wunsch erfüllt. Fachverkäufer/-innen für Kosmetik und Körperpflege kontrollieren das Warensortiment, führen Nachbestellungen durch und richten ihr Warenangebot immer nach Neuheiten und Trends aus.

1. Eine Kundin möchte einen Duft kaufen, ist sich aber noch unsicher und lässt sich von Fachverkäuferin Olga Engel beraten.

a) Lies dir zunächst den Informationstext durch.
b) Verschriftliche nun das Beratungsgespräch in deinem Heft.
c) Trage den Dialog mit einem Partner vor.

Was ein „Duftwässerchen" ausmacht!

Ob Eau de Parfum (EdP), Eau de Toilette (EdT) oder Eau de Cologne (EdC), alle drei verbindet, dass sie uns gut riechen lassen. Doch bei Preis und Zusammensetzung zeigen sich Unterschiede. Und wer alle Varianten ausprobiert hat, dem fiel bestimmt auf, dass mancher Duft recht schnell verfliegt. Genau darin liegt der Unterschied zwischen EdP, EdT und EdC. Jedes Duftwasser besteht aus einem Alkohol-Wasser-Gemisch, dem eine bestimmte Konzentration an Duftöl (Essenz) beigemischt wird. Man kann von folgendem Duftstoffanteil bei den einzelnen Produkten ausgehen: Beim Eau de Parfum ist mit ca. 9–14 % reinem Duftstoff der Anteil am Alkohol-Wasser-Gemisch am größten. Dieser Duft, der eher sparsam aufzutragen ist, hält am längsten auf der Haut, unter Umständen sogar einige Tage. Dies rechtfertigt auch den hohen Preis. Beim Eau de Toilette beträgt der Anteil ca. 6–9 % und die günstigste Variante stellt das Eau de Cologne mit ca. 3–5 % Konzentration reiner Essenzen dar. Beim Auftragen der verschiedenen Duftkonzentrationen auf Handgelenk, Nacken oder Haare ist es ratsam, EdP einmal und vorzugsweise abends zu benutzen, EdT wie auch das EdC können mehrmals und sowohl tagsüber als auch abends aufgesprüht werden.

Neben den Duftkonzentrationen gibt es noch die Abstufung eines Duftes in Kopf-, Herz- und Basisnote. Die Kopfnote entfaltet sich sofort nach dem Aufsprühen und verflüchtigt sich nach ca. 15 bis 30 Minuten. Über mehrere Stunden wahrnehmbar und den

1.2 Rollengespräch/-spiel (Fachverkäufer/-in für Kosmetik und Körperpflege)

> Duft besonders prägend ist die Herznote. Diese entfaltet sich meist nach einer halben Stunde. Am längsten riecht die Basisnote.
>
> Bleibt nur noch zu klären, was unsere Nasen da alles zu riechen bekommen. Es gibt vier Duftfamilien: floral, fruchtig, holzig und orientalisch. Die Essenzen werden vorwiegend aus Pflanzen oder tierischen Produkten hergestellt. Zur floralen Duftfamilie gehören zum Beispiel Rosen oder Jasmin, zur fruchtigen Zitrus, Pfirsich und Himbeer. Holzige und orientalische Essenzen ergeben unter anderem Lavendel, Moschus, Vanille oder Harz.

Fr. Engel: (Freundliche Begrüßung, Beratung anbieten)
Kundin: Guten Tag, ich suche für meine Mutter zum Muttertag einen lang anhaltenden, günstigen Damenduft. Ich habe gesehen, dass auf den Testern verschiedene Abkürzungen wie EdT, EdP oder EdC stehen. Können Sie mir bitte den Unterschied erklären?
Fr. Engel: (...)
Kundin: Meine Mutter trägt nur zu besonderen Anlässen einen Duft auf, beispielsweise, wenn sie abends in die Oper oder zum Tanztreff geht. Wozu würden Sie mir raten?
Fr. Engel: (...)
Kundin: Beim Geruch würde ich gerne etwas Blumiges wählen. Was können Sie mir empfehlen?
Fr. Engel: (...)
Kundin: Sie sprachen gerade von Kopf-, Basis und Herznote. Was können Sie damit?
Fr. Engel: (...)
Kundin: Jetzt verstehe ich auch, warum mir schon geraten wurde, Düfte erst einige Zeit auf der Haut zu tragen, bevor ich sie kaufe. Können Sie mir auch einen Tipp geben, auf welche Körperstellen Düfte am besten aufgetragen werden, damit sie sich gut entfalten und nicht so schnell verfliegen?
Fr. Engel: (...)
Kundin: Vielen herzlichen Dank für die kompetente Beratung und die tollen Tipps. Können Sie mir bitte diesen Duft als Geschenk verpacken?
Fr. Engel: (...)

1.2 Rollengespräch/-spiel (Fachverkäufer/-in für Kosmetik und Körperpflege)

2. In jedem Kundengespräch kommen bestimmte Höflichkeitsformeln vor.

a) Finde zu den unvollständigen Sätzen einen höflichen Satzanfang. Schreibe die Sätze in dein Heft.

- … behilflich sein?
- … Angebot für Sie.
- … Nagellack nicht vorrätig.
- … Produkt auftragen.
- … Bodylotion eingepackt haben?
- … Handcreme auftragen?
- … weiteren Wunsch?
- … Einkauf.

b) Da ein Beratungsgespräch eine sogenannte Face-to-Face-Kommunikation ist, hat der Fachverkäufer auch auf seine Körpersprache zu achten. Beschreibe zunächst die dargestellte Situation und notiere, welche Wirkung sie auf den Kunden hat.

c) Filialleiter Herr Sonnenschein übt mit Praktikantin Dilara, Gestik, Mimik und die Stimme bewusst zu kontrollieren. Dafür gibt er Dilara folgende Situation vor:

„Stellen Sie sich vor, Sie haben sich in Ihrer Mittagspause mit einer Freundin zum Essen verabredet. Ein Kunde kommt kurz vor der Mittagspause zu Ihnen und lässt sich bei der Auswahl eines Damendufts für seine Freundin beraten. Er probiert sechs verschiedene Düfte aus und entscheidet sich nach langem Zögern für einen Duft, den Sie noch in einer Sondergröße im Lager holen müssen. Als Sie nach zehn Minuten zurückkehren, teilt der Mann Ihnen mit, dass er kein Parfüm kauft, und verlässt das Geschäft."

Welche Mimik und Gestik sollte Dilara in dieser Situation vermitteln/nicht vermitteln? Wie sollte sie ihre Stimme einsetzen? Beschreibe ein angemessenes Verhalten in deinem Heft.

Sprachlicher Umgang: zuhören, situations- und adressatengerecht sprechen

1.3 Telefonat (Servicefachkraft für Dialogmarketing m/w)

Was macht eigentlich eine Servicefachkraft für Dialogmarketing (m/w)?

Servicefachkräfte für Dialogmarketing bearbeiten Aufträge und Reklamationen oder verkaufen Produkte und Dienstleistungen über Telefon, E-Mail oder Internet-Chat. Sie sitzen in Call-, Kunden- oder Servicecentern und stehen immer in Kontakt mit Kunden. Im Kundengespräch müssen sie nicht nur ihr Verkaufstalent unter Beweis stellen, sondern haben auch auf den Kunden einzugehen, ihm zuzuhören und ihn unter Umständen auch zu beruhigen. In jedem Fall hat man in diesem Beruf einen freundlichen Umgangston zu pflegen.

1. Arne Sonderwunsch ist im ersten Ausbildungsjahr als Servicefachkraft für Dialogmarketing beim Versandhaus „Kleiderbügel" tätig. Heute hat er eine telefonische Reklamation entgegengenommen, die sein Chef inszeniert hat, um zu überprüfen, wie er solche Gespräche führt. Lies dir das folgende Reklamationsgespräch durch.

a) Du bist nun Arnes Chef. Wie würdest du das Gespräch bewerten? Wie verhält sich Arne gegenüber dem Kunden? Welche Reaktionen und Äußerungen wären deiner Meinung nach angebrachter? Äußere dich mündlich.

Arne: Guten Tag, herzlich willkommen beim Versandhaus „Kleiderbügel". Mein Name ist Arne Sonderwunsch, was kann ich für Sie tun?

Kunde: Guten Tag, hier spricht Boris Kaufmann. Ich habe bei Ihnen am 7. April eine Badehose bestellt, deren pünktliche Auslieferung bis zum 11. April schriftlich bestätigt wurde. Ausgeliefert wurde die Hose aber erst am 18. April – da befand ich mich im dreiwöchigen Urlaub. Seit gestern bin ich zurück und finde nun das Paket mit der Badehose, das freundlicherweise ein Nachbar für mich angenommen hat, und einen Mahnbrief vor. Ich soll nun eine Mahngebühr bezahlen, weil ich die Ware nicht fristgerecht bezahlt oder zurückgesendet habe.

Arne: Das ist bedauerlich, kann ich aber nicht ändern. Vielleicht hätten Sie vor dem Urlaub Ihren Nachbarn bitten sollen, das Paket zu retournieren.

Kunde: Herr Sonderwunsch, das ist doch nicht Ihr Ernst, dass ich für Ihren Fehler auch noch bezahlen soll! Sie haben schließlich nicht termingerecht ausgeliefert. Sie hätten mich informieren müssen, dass der Liefertermin nicht eingehalten werden kann. Außerdem geht den Nachbarn meine Post nichts an.

Arne: Natürlich, nur weil ich Sonderwunsch heiße, glauben alle, dass ich diesen auch jedem erfülle. Außerdem liegt der Fehler ganz klar bei Ihnen. Ich sehe am PC, dass die Ware hier pünktlich rausging.

Kunde: Das ist doch wohl die Höhe! Ich werde mich über Sie beschweren! Das ist ja Abzocke!

Arne: Bleiben Sie bitte sachlich! Oh, ich glaube Sie haben Glück. Ich sehe gerade, dass Sie zu unseren Goldkunden gehören. Na, da kann ich Sie beruhigen – Sie müssen die Mahnung nicht begleichen.

1.3 Telefonat (Servicefachkraft für Dialogmarketing m/w)

Kunde: Und was ist mit den Versandkosten für die Retoure?
Arne: Selbstverständlich übernimmt auch diese unser Versandhaus. Und wenn Sie innerhalb der nächsten 24 Stunden bei uns bestellen, dann ist der Versand kostenlos.
Kunde: Garantiert nicht. Ich schicke die Badehose zurück und mehr möchte ich nicht.
Arne: Gut, Herr Kaufmann, war`s das?
Kunde: Nein. Herr Sondermann, Sie müssen noch viel im Umgang mit Kunden lernen.
Arne: Und Sie müssen genau zuhören. Ich heiße Sonderwunsch. Auf Wiederhören.

b) Schreibe ein neues Reklamationsgespräch, in dem sich Herr Sonderwunsch anders / angemessener verhält. Lies es anschließend mit einem Partner vor.

c) Erstelle in deinem Heft eine Checkliste zum Thema „Wie verhalte ich mich (nicht) bei Reklamationsgesprächen?".

2. Heute ist Stinas erster Ausbildungstag. Bevor sie Kundentelefonate führen wird, muss sie noch bestimmte Verhaltensregeln kennenlernen. Formuliere für jede dargestellte Situation auf den Bildern eine Verhaltensregel für Telefongespräche. Schreibe diese in dein Heft.

3. Wenn du dich auf die Suche nach einem Praktikumsplatz machst, dann hast du auch ein entsprechendes Telefonat zu führen.

a) Entwerfe für eine Telefonanfrage bezüglich einer Praktikumsstelle eine Checkliste. Schreibe diese in dein Heft.

b) Präsentiere deine Checkliste den anderen Mitschülern. Erstellt aus allen Ergebnissen eine gemeinsame Checkliste auf einem Plakat.

c) Nun bist du an der Reihe. Führe ein Telefonat mit deinem Partner. Einer übernimmt die Rolle des Personalverantwortlichen einer Firma und der andere schlüpft in die Rolle des Bewerbers.

Sprachlicher Umgang: zuhören, situations- und adressatengerecht sprechen

1.4 Sinngestaltendes Sprechen und Lesen (Atem-, Sprech- und Stimmlehrer/-in)

Was macht eigentlich ein Atem-, Sprech- und Stimmlehrer/eine Atem-, Sprech- und Stimmlehrerin?

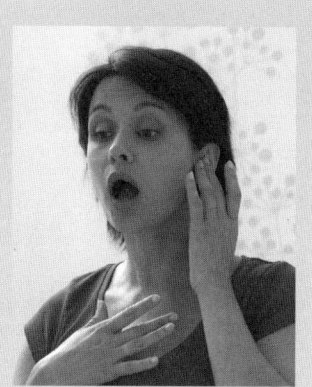

Nicht nur Menschen, die im Beruf ihre Stimme stark beanspruchen, sondern auch Kinder, Senioren, Menschen mit Behinderung oder Schwangere benötigen die Hilfe dieser Lehrer/-innen. Mit auf den Patienten angepassten Übungen und Techniken behandeln sie z. B. Störungen der Atemwege, des Schluckens, des Stimmorgans oder der Sprachentwicklung. Sie leiten ihre Patienten dazu an, ihre Stimme bewusst und optimal einzusetzen sowie richtig zu atmen und zu entspannen. Wer diesen Beruf ausübt, der braucht nicht nur Geduld und Einfühlungsvermögen, sondern auch rhetorische Fähigkeiten, gute Lese- und Rechtschreibkenntnisse und muss wissen, wie man seiner Stimme Ausdruck verleiht.

1. Zum Sprechtraining gehören zum Beispiel folgende Betonungsübungen.

a) Hier steht viermal der gleiche Satz. Allerdings hast du immer ein anderes Wort zu betonen. Lies die Sätze entsprechend vor.

> Ich <u>übe</u> das deutliche Sprechen mit einem Korken im Mund.
>
> Ich übe das deutliche <u>Sprechen</u> mit einem Korken im Mund.
>
> Ich übe das deutliche Sprechen mit einem <u>Korken</u> im Mund.
>
> Ich übe das deutliche Sprechen mit einem Korken im <u>Mund</u>.

b) Schreibe die beiden Sätze jeweils viermal untereinander in dein Heft. Unterstreiche anschließend das Wort, das du in jeder Zeile betonen möchtest. Lies die Sätze entsprechend vor. Deine Mitschüler müssen an deinem betonten Vorlesen erkennen, welches Wort du unterstrichen hast.

> Wir trainieren morgen gemeinsam für den Poetry-Slam-Wettbewerb.
>
> Sie erleben besonders bei den Atemübungen immer viel Lustiges.

1.4 Sinngestaltendes Sprechen und Lesen (Atem-, Sprech- und Stimmlehrer/-in)

c) Zum besseren Lesen und Betonen von Satzaussagen werden Pausenzeichen (|) gesetzt. Aber Vorsicht: Die Betonung bestimmter Wörter verändert auch den Inhalt eines Satzes. In welchem Satz sind die Pausenzeichen sinnvoll gesetzt? Markiere.

> Der Täter schweigt, | Augenzeuge, Polizist und Opfer probieren, ihn | anzusprechen.
>
> Der Täter schweigt, | Augenzeuge, Polizist und Opfer probieren, | ihn anzusprechen.
>
> Der Täter schweigt, Augenzeuge, | Polizist und Opfer probieren, ihn | anzusprechen.

2. Frau Sommer ist Nachrichtensprecherin beim Radio. Sie übt mit ihrer Stimmlehrerin, folgende Nachricht verständlich vorzutragen. Dafür muss sie den Text entsprechend bearbeiten.

a) <u>Unterstreiche</u> alle Wörter, die du betonen würdest.
b) Setze Pausenzeichen (|) und markiere, wo du Absätze machen würdest.
c) Schreibe den Text so ab, dass du ihn anschließend gut vorlesen kannst. Vergleicht eure Fassungen und sprecht darüber.

> Ihre Friesbacher Verkehrsnachrichten zur vollen Stunde. Heute Morgen ereignete sich an der Bushaltestelle Kreuzgartenallee ein Unfall. Als der Schulbus an der Haltestelle stehen blieb und die Türen öffnete, wurde ein 13-jähriges Mädchen von anderen Fahrgästen aus dem Bus gedrängt, sodass es das Gleichgewicht verlor und vornüber aus dem Bus fiel. Bei diesem Sturz erlitt das Mädchen eine massive Kopfverletzung und zog sich mehrere Knochenbrüche zu. Ein Rettungshubschrauber musste im nahe gelegenen Stadtgarten landen. Der Verkehr kam zeitweise zum Erliegen.

3. Herr Vogel trainiert mit den angehenden Schauspielern des Stadttheaters das Vortragen von Gedichten, Balladen und dramatischen Texten.

a) Um lyrische Texte richtig zu betonen, muss man die einzelnen Metren (Versmaße) kennen. Ordne das gesuchte Metrum zu. Schreibe in dein Heft.

> zweisilbig: unbetonte Silbe, betonte Silbe
> zweisilbig: betonte Silbe, unbetonte Silbe
> dreisilbig: betonte Silbe, unbetonte Silbe, unbetonte Silbe
> dreisilbig: unbetonte Silbe, unbetonte Silbe, betonte Silbe

1.4 Sinngestaltendes Sprechen und Lesen (Atem-, Sprech- und Stimmlehrer/-in)

b) Bestimme anhand der zwei ausgewählten Strophen unterschiedlicher Gedichte die betonten und unbetonten Silben. Welches Metrum liegt in der jeweiligen Strophe vor? Schreibe in dein Heft.

> Der weiche Gang geschmeidig starker Schritte,
> der sich im allerkleinsten Kreise dreht,
> ist wie ein Tanz von Kraft um eine Mitte,
> in der betäubt ein großer Wille steht.
>
> (Zweite Strophe aus dem Gedicht „Der Panther" von Rainer Maria Rilke)

> Dicht wie Löcher eines Siebes stehn
> Fenster beieinander, drängend fassen
> Häuser sich so dicht an, dass die Straßen
> Grau geschwollen wie Gewürgte stehn.
>
> (Erste Strophe aus dem Gedicht „Städter" von Alfred Wolfenstein)

4. Tamara soll im Deutschunterricht eine Ballade ihrer Wahl vortragen.

a) Wähle eine Ballade aus und übe das Vortragen. Beachte die Hinweise:

- Lerne die Ballade auswendig, dann kannst du beim Sprechen das Publikum ansehen.
- Markiere dir wichtige Wörter und Textstellen, damit du betont, laut und deutlich sprichst.
- Versuche, dem Publikum die Stimmung und den Inhalt der Ballade durch deine Sprechweise (aufgeregt, dramatisch, traurig, …) sowie durch Gestik und Mimik zu vermitteln.

b) Bewertet die unterschiedlichen Vortragsweisen und ermittelt einen „Balladenkönig".

2.1 Einen Vortrag halten (Diätassistent/-in)

Was macht eigentlich ein Diätassistent/eine Diätassistentin?

Ein Diätassistent/Eine Diätassistentin stellt für Patienten individuelle Diät- und Ernährungspläne zusammen, in denen genau berechnet ist, welche Lebensmittel und Mengen gegessen werden dürfen. Anhand von Ernährungsprotokollen, regelmäßigem Wiegen und gemeinsamem Zubereiten von Mahlzeiten werden diese Pläne überwacht und umgesetzt. Diätassistenten/-innen müssen ihre Patienten so beraten und schulen, dass sie nach der Behandlung oder dem Klinikaufenthalt selbstständig das neue Essverhalten fortsetzen. Neben den individuellen Beratungsgesprächen halten sie auch Vorträge, z. B. in Kliniken oder Bildungseinrichtungen.

1. Diätassistentin Floriane Kohl hält heute in einer Gesamtschule einen Kurzvortrag zum Thema „Fit und gesund durch den Schulalltag".

a) Bereite diesen Kurzvortrag mithilfe des Internets vor und erstelle ein passendes Handout.
b) Gehe inhaltlich auf die Ernährungspyramide ein.

2. Ben muss im Rahmen seiner Ausbildung zum Diätassistenten einen Vortrag halten, zu dem er ein Handout entwerfen muss. Um dieses vorzubereiten, liest er sich noch einmal durch, wie es aufgebaut und gestaltet sein sollte. Leider ist sein Informationstext an manchen Stellen unleserlich. Hilf Ben, den Lückentext mit den 17 Begriffen zu vervollständigen.

> informativ   gegliedert   Vortrags   roten Faden
> Literaturangaben   Kopfzeile   Notizen   Inhalte
> recherchieren   Inhaltsverzeichnis   Hauptteil   Anfang
> Zuhören   Stichpunkte   Überblick   Ende   Handout

Ein _____ dient dazu, den Inhalt eines _____ in Kurzform wiederzugeben. Dazu verwendet man meist _____ und kaum ausformulierte Sätze. Schließlich möchte man seinen Zuhörern keine mehrseitige Zusammenfassung geben, sondern nur einen groben _____ über das

2.1 Einen Vortrag halten (Diätassistent/-in)

unbekannte Thema. Wer genauere Informationen zu einzelnen Gliederungspunkten bekommen möchte, der kann am Ende des Vortrags nachfragen oder selbst _____. Da das Handout den Vortrag nur unterstützen soll, darf es höchstens zwei Seiten haben, bei Kurzvorträgen eher eine Seite. Entweder wird es am _____ ausgeteilt, damit der Zuhörer sich _____ machen kann, oder erst am _____, weil damit das _____ garantiert ist. Das Handout lässt den _____ des Vortrags erkennen. Deshalb ist der Hauptteil _____ und ähnelt somit einem _____. Inhaltlich füllt man die einzelnen Gliederungspunkte beispielsweise mit Thesen, Fragestellungen, Daten, Zitaten, Erklärungen oder Ergebnissen. Formal besteht das Handout von oben nach unten aus _____ mit Name, Ort, Fach, Thema, Datum und Uhrzeit sowie aus _____, _____ und Internetquelle. Ob das Handout sinnvoll und _____ war, zeigt sich immer später, wenn z. B. die _____ Grundlage von Fragen, Tests oder Arbeiten sind.

3. Max wird zu Beginn seines Klinikaufenthalts von einer Diätassistentin beraten. Er soll ihr seinen Tagesablauf schildern. Lies dir seinen Bericht durch und versetze dich in die Rolle der Diätassistentin. Beantworte die Fragen in deinem Heft.

> Morgens kann ich länger schlafen, denn zwei Kumpels und ich, wir fahren jetzt mit dem Roller in die Schule. Das geht viel schneller als früher mit dem Fahrrad. Das Frühstücken schaffe ich aber trotzdem nicht und die Pausenbrote meiner Mutter finde ich uncool und nehme sie deshalb nie mit. Jetzt hole ich mir immer ein Croissant und ein Puddingstückchen, was ich dann in der ersten Pause schnell verputze – schließlich plagt mich dann der Hunger. Nach 90 Minuten Unterricht kaufe ich mir einen Hotdog mit einem Eistee am Kiosk. Mittags bin ich meist alleine zu Hause. Ich hole mir dann einen Döner, Pommes rot-weiß, eine Pizza oder auch ein Nudelgericht. Hauptsache schnell, denn meine Kumpels warten ja. Wir sind regelmäßig zum Zocken verabredet. Dabei lassen wir uns Schokolade oder Chips schmecken. Abends kocht meine Mutter oft etwas Warmes und das schmeckt immer! Gestern gab es Lasagne. Da habe ich mir ordentlich den Bauch vollgeschlagen, bevor ich ins Bett gegangen bin. Doch irgendwie fühle ich mich in letzter Zeit sehr müde und habe auch manchmal Magenschmerzen. Im Sportunterricht gehöre ich auch nicht mehr zu den Schnellsten. Was mache ich denn nur falsch?

2.1 Einen Vortrag halten (Diätassistent/-in)

a) Nenne vier Ernährungsfehler, die Max macht. Formuliere jeweils einen Tipp, den ihm die Diätassistentin geben kann.
b) Nenne vier gesundheitliche Folgen, die eine derartige Ernährungsweise haben kann.
c) Was bedeutet die Abkürzung BMI und wofür wird dieser benötigt?

4. Die Schüler der Klasse 7b haben Besuch von einer Diätassistentin. Sie haben sich auf das Treffen gut vorbereitet und stellen ihr folgende Fragen. Notiere die Antworten der Diätassistentin in deinem Heft.

a) Welche Nährstoffe nimmt unser Körper durch die Nahrung auf?
(Nenne die sechs wichtigsten. <u>Hinweis</u>: Sie beginnen mit den folgenden Anfangsbuchstaben: K, F, E, W, V, M.)
b) Welche der genannten Nährstoffe sind die „Energielieferanten" für unseren Körper?
c) Welche der genannten Nährstoffe schützen uns vor Krankheiten?

Sich und andere informieren

2.2 Informationen auswählen und aufbereiten (Fachangestellte/-r für Medien- und Informationsdienste der Fachrichtung Information und Dokumentation)

Was macht eigentlich ein Fachangestellter/eine Fachangestellte für Medien- und Informationsdienste (FaMi) der Fachrichtung Information und Dokumentation?

Archivieren, Dokumentieren und Recherchieren von Medien (Video, Audio, Presse, Bücher): Dies sind die Haupttätigkeiten der FaMis. Sie suchen z. B. für Fernsehsender oder Werbeagenturen in Datenbanken bestimmte Informationen, bereiten diese auf und machen sie für ihre Auftraggeber zugänglich. Dabei treffen sie eine Vorauswahl und ordnen die Informationen nach Inhalt, Qualität und Wichtigkeit.

1. Anlässlich des Todestages von Theodor Fontane soll FaMi Sören Petersen für eine Redakteurin eines Kultursenders, die ein Autorenportrait erstellen möchte, folgendes Informationsmaterial besorgen.

- Informationen über Kindheit, Leben
- Informationen über die Zeitgeschichte / literarische Epoche
- Informationen über seine bekanntesten Werke, insbesondere seine Balladen

Erstelle ein Handout (DIN A4) und tragt euch gegenseitig die recherchierten Informationen vor.

2. Wenn du für ein Vortrags- oder Präsentationsthema Informationen suchst, dann übst du bereits eine wichtige Tätigkeit der FaMis Fachrichtung Information und Dokumentation aus. Beantworte die folgenden Aufgaben in deinem Heft.

a) Nenne mindestens vier Recherchemöglichkeiten, die es für dich als Schüler gibt.
b) Die zeitsparendste Möglichkeit stellt das Internet dar. Doch die dort gefundenen Informationen sollten auch am sorgfältigsten auf Qualität und Wahrheitsgehalt von dir geprüft werden. Nenne mindestens zwei Suchmaschinen, die du kennst und die du für eine Internetrecherche nutzen kannst.

2.2 Informationen auswählen und aufbereiten (Fachangestellte/-r für Medien- und Informationsdienste der Fachrichtung Information und Dokumentation)

c) Oft muss die Recherche nach Informationen eingegrenzt werden. Die einfachste Methode, um z. B. Namen, Texte oder Buch- und Zeitschriftentitel zu finden, ist die Phrasensuche. Dabei wird der gesuchte Begriff/werden die gesuchten Begriffe in Anführungszeichen („…") gesetzt.

Tipp: Lehrer nutzen die Phrasensuche auch, um herauszufinden, ob Schüler Inhalte kopiert bzw. abgeschrieben und dies nicht kenntlich gemacht haben. Das wird dann als Täuschungsversuch bewertet.

Finde heraus, aus welchen zwei Balladen die genannten Verszeilen stammen. Führe die Phrasensuche durch und nutze die Suchmaschine „google". Notiere die dazugehörige Strophe mit Autor und Balladenname.

Der Zugwind wächst, doch die Qualmwolke steht,

_____

_____

_____

_____

....

Mit feurigen Geißeln peitscht das Meer

_____

_____

....

Sich und andere informieren

2.2 Informationen auswählen und aufbereiten (Fachangestellte/-r für Medien- und Informationsdienste der Fachrichtung Information und Dokumentation)

3. Um Informationen auswählen und beurteilen zu können, ob ein Text zum Thema passt, muss der FaMi die Inhalte der Texte verstehen. Es gibt viele Möglichkeiten, zu überprüfen, ob der Inhalt verstanden wurde. Im Folgenden kannst du zwei üben.

Fragen zum Inhalt eines Textes beantworten

a) Lies dir den Text „Meeresbewohner als Badevergnügen" sorgfältig durch.
b) Beantworte anschließend die sechs Fragen in deinem Heft.

Meeresbewohner als Badevergnügen

Kossivi, ein 13 Jahre alter griechischer Junge, will eines Tages in die Fußstapfen seines Vaters Anatolias treten. Deshalb fährt er an freien Tagen mit ihm auf seinem Boot hinaus aufs Mittelmeer. Anatolias ist nämlich von Beruf Schwammtaucher. Schon als kleiner Junge schnorchelte er stundenlang durch das Meer und beobachtete die verschiedenen
5 Fische. Auch sein Vater, also Kossivis Großvater, war ein angesehener Schwammtaucher gewesen.

Doch dieser Beruf ist nicht ganz ungefährlich und somit eher für abenteuerlustige und risiko-freudige Menschen. Um die besten Schwämme zu bekommen, trauen sich diese Taucher in bis zu 150 Meter tiefe Gewässer. Hier liegt die größte Gefahr, denn je tiefer
10 ein Schwammtaucher geht, desto höher wird für ihn das Risiko, die Taucherkrankheit zu bekommen. Je länger und je tiefer der Tauchgang war, umso langsamer sollte das Auftauchen erfolgen, sonst gelangen Stickstoffblasen in Blut und Gewebe, was dazu führt, dass Durchblutungsstörungen auftreten und Gewebe durch den Gasdruck zerstört wird. Dies kann auch tödlich verlaufen. Erleidet ein Taucher diese Krankheit, muss er
15 innerhalb von 24 Stunden in einer Dekompressionskammer behandelt werden.

Kossivi, der sich dieser Gefahr bewusst ist, scheut sich nicht davor, in die Tiefe hinabzutauchen. Er findet die Stille unter Wasser einfach einzigartig. Doch seine Mutter Eleni hat große Sorge um ihren Sohn. Deshalb darf Kossivi auch nicht zu tief tauchen. Er soll hauptsächlich helfen, die Schwämme, die sein Vater aus dem Wasser holt, auf das Boot
20 zu ziehen.

Kossivi erinnert sich noch ganz genau daran, als er das erste Mal Schwämme gesehen hat, die direkt aus dem Meer kamen. Sie sehen nämlich nicht gelb oder hellbraun aus. Ihre natürliche Farbe geht von dunkelgrau über dunkelbraun bis hin zu schwarz. Um die endgültige Farbe zu bekommen und um die Schwämme als Badeschwämme auch ver-
25 kaufen zu können, lässt man sie einen Tag an Land faulen, entfernt ihren Weichkörper durch Kneten und Waschen, trocknet sie ausgiebig und bleicht sie anschließend.

Morgen darf Kossivi wieder mit seinem Vater aufs Meer hinausfahren. Vielleicht darf er bald auch mit ihm in die Tiefen des Mittelmeeres abtauchen.

---

1. Wie heißt der Junge und wie alt ist er?
2. Wo spielt die Geschichte?
3. Welchen Beruf übt der Vater aus?
4. Weshalb ist der Beruf des Vaters gefährlich?
5. Was ist die Taucherkrankheit und wie kann man sie heilen?
6. Was passiert mit den Schwämmen, nachdem sie an Land geholt wurden?

2.2 Informationen auswählen und aufbereiten (Fachangestellte/-r für Medien- und Informationsdienste der Fachrichtung Information und Dokumentation)

Eine Inhaltsangabe verfassen

c) Notiere in deinem Heft fünf Regeln, die du bei der sprachlichen Ausgestaltung einer Inhaltsangabe beachten musst.

d) Lies dir Hebels Kalendergeschichte „Der Barbierjunge von Segringen" durch und schreibe eine Inhaltsangabe in dein Heft.

Johann Peter Hebel: Der Barbierjunge von Segringen (1811)

Man muss Gott nicht versuchen, aber auch die Menschen nicht. Denn im vorigen Spätjahr kam in dem Wirtshause zu Segringen ein Fremder von der Armee an, der einen starken Bart hatte und fast wunderlich aussah, also, dass ihm nicht recht zu trauen war. Der sagte zum Wirt, eh er etwas zu essen oder zu trinken fordert: „Habt Ihr keinen Barbier im Ort,
5 der mich rasieren kann?" Der Wirt sagt ja und holt den Barbier. Zu dem sagt der Fremde: „Ihr sollt mir den Bart abnehmen, aber ich habe eine kitzlige Haut. Wenn Ihr mich nicht ins Gesicht schneidet, so bezahl ich Euch vier Kronentaler. Wenn Ihr mich aber schneidet, so stech ich Euch tot. Ihr wäret nicht der erste." Wie der erschrockene Mann das hörte (denn der fremde Herr machte ein Gesicht, als wenn mit ihm nicht zu spaßen wäre, und
10 das spitzige, kalte Eisen lag auf dem Tisch), so springt er fort und schickt den Gesellen. Zu dem sagt der Herr das Nämliche. Wie der Gesell das hört, springt er ebenfalls fort und schickt den Lehrjungen. Der Lehrjunge lässt sich blenden von dem Geld und denkt: „Ich wag's. Geratet es und ich schneide ihn nicht, so kann ich mir für vier Taler einen neuen Rock auf die Kirchweihe kaufen. Geratet's nicht, so weiß ich, was ich tue", und rasiert den
15 Herrn. Der Herr hält ruhig still, weiß nicht, in welcher entsetzlichen Todesgefahr er ist, und der verwegene Lehrjunge spaziert ihm auch ganz kaltblütig mit dem Messer im Gesicht und um die Nase herum, als wenn's nur um einen Sechser oder im Fall eines Schnittes um ein Stücklein Fließpapier darauf zu tun wäre und nicht um vier Taler und um ein Leben. Und er bringt ihm glücklich den Bart aus dem Gesicht.

20 Als aber der Herr aufgestanden war, sich im Spiegel beschaut und abgetrocknet hatte, gibt er dem Jungen die vier Taler und sagt zu ihm: „Aber junger Mensch, wer hat dir den Mut gegeben, mich zu rasieren, so doch dein Herr und der Gesell sind fortgesprungen? Denn wenn du mich geschnitten hättest, so hätt ich dich erstochen." Der Lehrjunge aber bedankt sich lächelnd für das schöne Geld und sagte: „Gnädiger Herr, Ihr hättet
25 mich nicht erstochen, sondern wenn Ihr gezuckt hättet und ich hätt Euch ins Gesicht geschnitten, so wär ich Euch zuvorgekommen, hätt Euch augenblicklich die Gurgel abgehauen und wäre auf- und davon gesprungen." Als der fremde Herr das hörte und an die Gefahr dachte, in der er gesessen war, ward er erst blass vor Schrecken und Todesangst, schenkte dem Burschen noch einen Taler und hat seitdem zu keinem Barbier mehr gesagt: „Ich steche dich tot, wenn du mich schneidest."

Sich und andere informieren

2.3 Tabellen und Diagramme lesen und verstehen (Beamter/Beamtin im mittleren Wetterdienst)

Was macht eigentlich ein Beamter/eine Beamtin im mittleren Wetterdienst?

Beamte/Beamtinnen im mittleren Wetterdienst beobachten das Wetter. Sie messen, sammeln, prüfen, dokumentieren meteorologische Daten und bereiten diese auf. Für diese Tätigkeiten werden nicht nur physikalische und mathematische Kenntnisse benötigt, sondern auch die mündliche und schriftliche Ausdrucksfähigkeit ist wichtig. Denn die Auskünfte, Informationen und Wetterwarnungen müssen immer adressatenbezogen formuliert sein. Das heißt, Straßenbau und Landwirtschaft benötigen andere Informationen als die Medizinmeteorologie, bei der wetterbedingte Gesundheitsrisiken im Vordergrund stehen. Der Beamte/die Beamtin im mittleren Wetterdienst arbeitet nicht nur für den Deutschen Wetterdienst, sondern kann auch beim Geoinformationsdienst der Bundeswehr im In- und Ausland tätig sein.

1. Herr Sonnenschein hat dem Klimadiagramm für die Wetterstation Kleiner Feldberg in Hessen Informationen zu entnehmen.

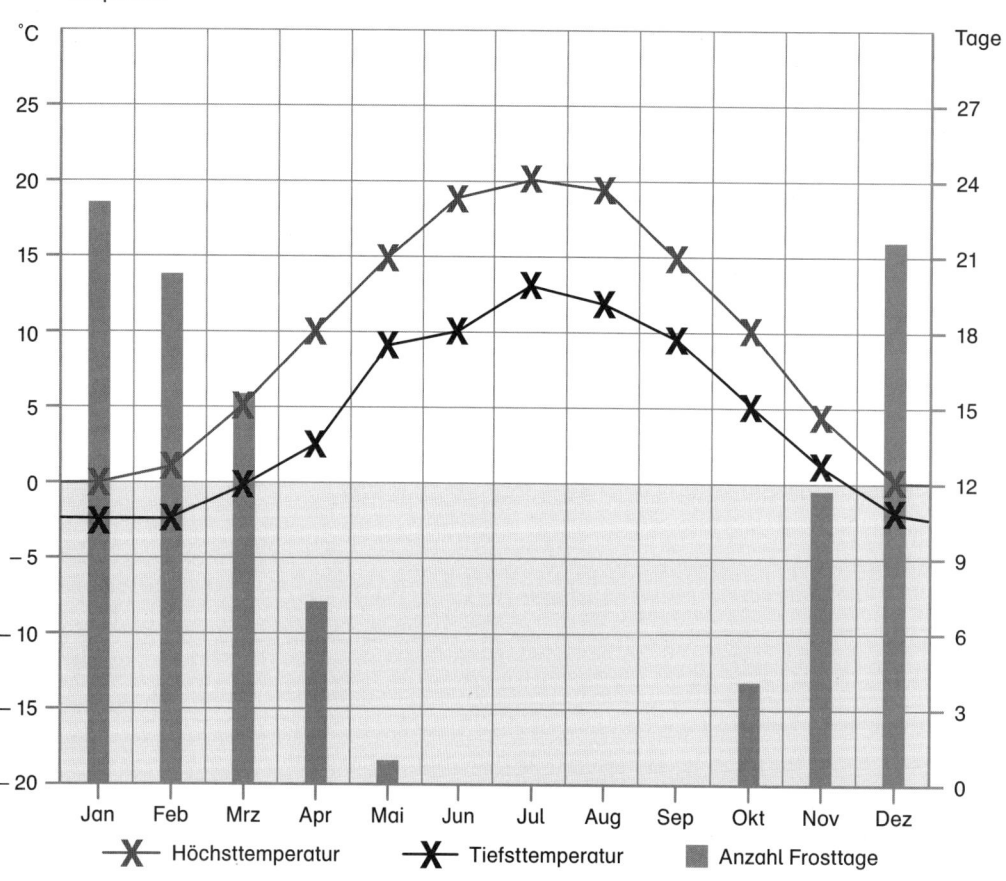

Wetterstation Kleiner Feldberg (802 m)
Temperatur

Sich und andere informieren

2.3 Tabellen und Diagramme lesen und verstehen (Beamter/Beamtin im mittleren Wetterdienst)

a) Lies dir die Aussagen durch und kreuze die richtigen an.
- ☐ Der Januar hat die meisten Frosttage.
- ☐ Im Monat Mai gibt es keinen Frost.
- ☐ Von Januar bis Mai nehmen die Frosttage ab.
- ☐ Die Durchschnittstemperatur nimmt von Mai bis Juli zu.
- ☐ Von März bis Mai steigt die Durchschnittstemperatur am schnellsten an.
- ☐ Die Säulen geben die Temperaturschwankungen an.
- ☐ Im Juli beträgt die Höchsttemperatur durchschnittlich 25 °C.
- ☐ Bei durchschnittlich 0 °C liegen die Tiefstwerte im Oktober.
- ☐ Die kältesten Monate sind Dezember, Januar und Februar.
- ☐ Nach den Sommermonaten ist der Oktober der erste Frostmonat.
- ☐ Im Dezember gibt es ungefähr 21 Frosttage.

b) Schau dir das folgende Klimadiagramm von der Wetterstation Frankfurt/Flughafen an.

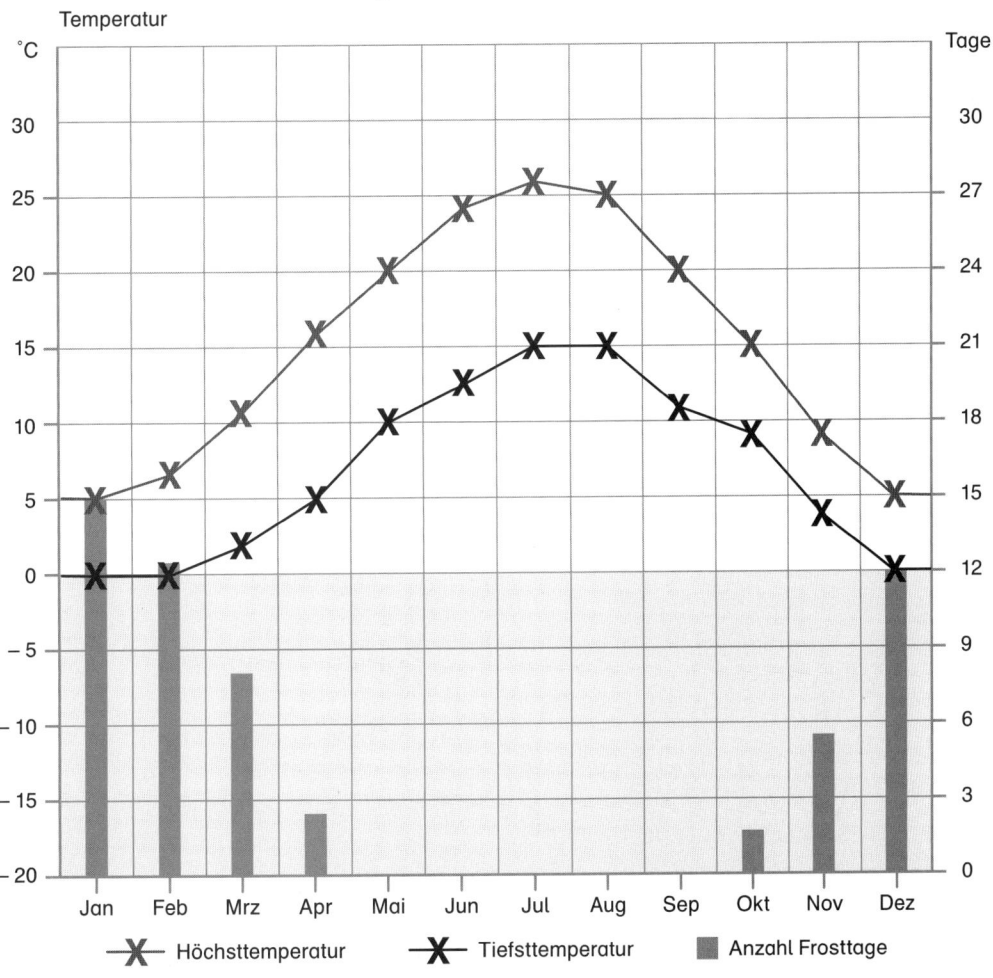

c) Vergleiche die Diagramme beider Wetterstationen hinsichtlich Höchsttemperatur, Tiefsttemperatur und Anzahl der Frosttage miteinander. Wähle dafür die Monate Juli und Dezember. Schreibe in dein Heft, welche allgemeine Aussage sich treffen lässt. Notiere eine mögliche Erklärung dafür.

2.3 Tabellen und Diagramme lesen und verstehen (Beamter/Beamtin im mittleren Wetterdienst)

2. a) Sieh dir die zwei Klimadiagramme zur Wetterstation Frankfurt/Flughafen an.

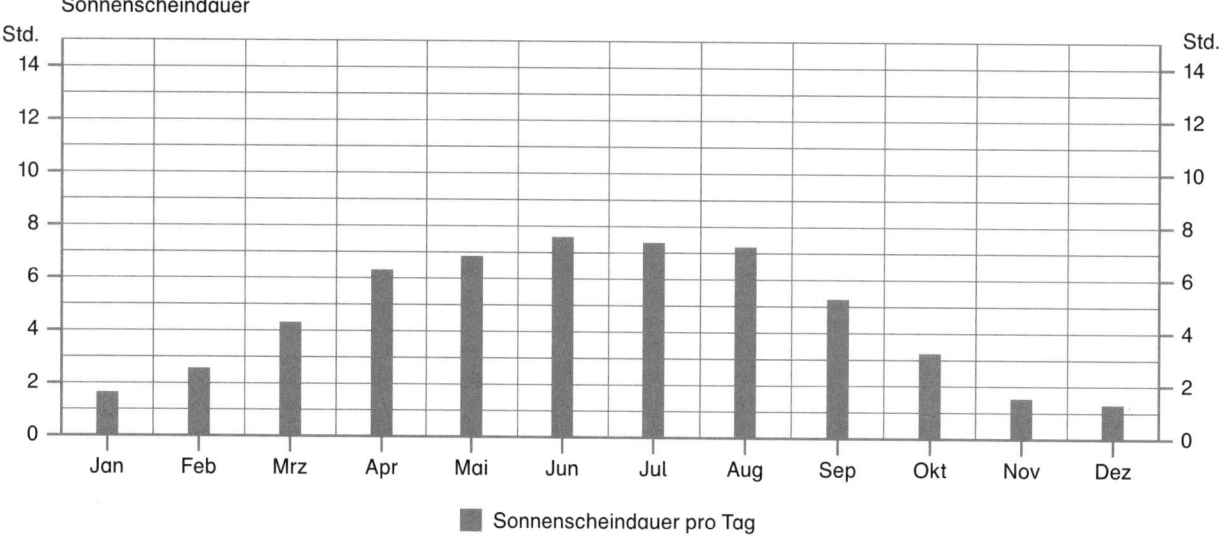

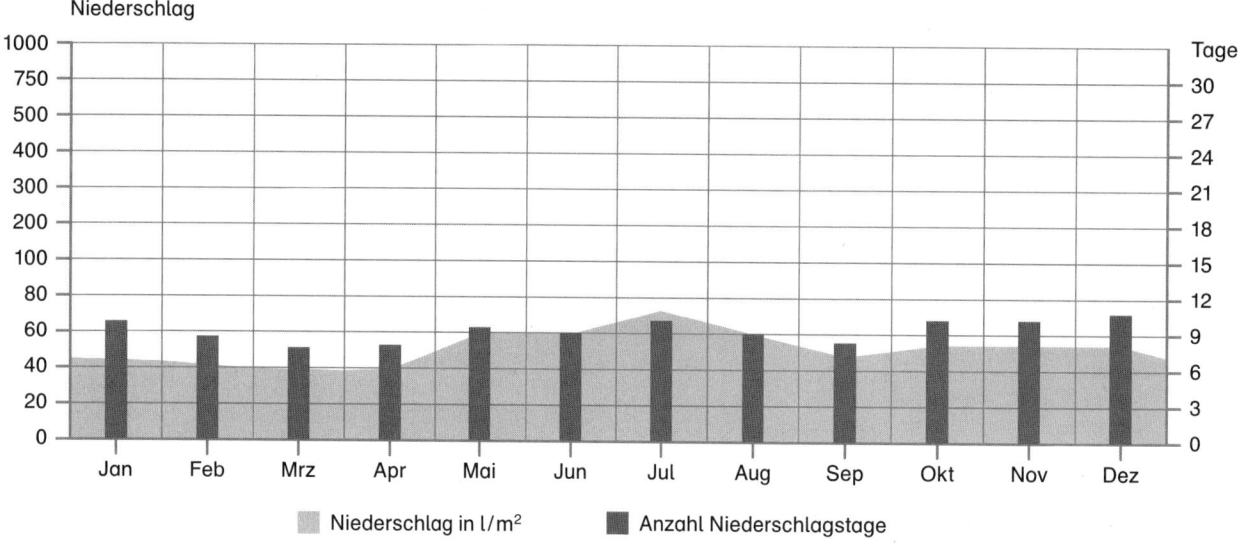

b) Beantworte die fünf Fragen in ganzen Sätzen in deinem Heft.
  • Welcher Monat hat die meisten Sonnenstunden?
  • Welche Monate haben mehr als vier Sonnenstunden?
  • Welcher ist der niederschlagsreichste Monat?
  • Welcher Monat hat im Durchschnitt die meisten Regentage?
  • Wieviel Liter pro Quadratmeter fallen im trockensten Monat und welcher ist es?

c) Wann ist die beste Reisezeit, um die hessische Stadt Frankfurt zu besuchen? Formuliere eine Empfehlung in drei Sätzen. Beziehe alle drei Klimadiagramme (1b und 2a) mit ein.

2.4 Die Bedeutung nichtsprachlicher Zeichen verstehen (Textilreiniger/-in)

Was macht eigentlich ein Textilreiniger/eine Textilreinigerin?

Der Beruf Textilreiniger/-in bedeutet nicht alleine das Waschen, Reinigen und Bügeln von Kleidung und verschiedenen Textilien, sondern fordert vor allem Fachwissen im chemischen, physikalischen und technischen Bereich. Damit Qualität und Wert der Textilien möglichst lange erhalten bleiben, müssen je nach Faserart andere Reinigungs- und Waschmittel sowie Waschverfahren und -maschinen eingesetzt werden. Deshalb muss man die Kennzeichnungen auf dem Waschetikett verstehen oder bei fehlenden Angaben vor der Reinigung bestimmte Tests durchführen, damit das Kleidungsstück nicht beschädigt wird. Fachwissen ist auch nötig, um die Kunden richtig zu beraten. Textilreiniger/-innen arbeiten in Textilreinigungsbetrieben oder in Wäschereien (u. a. in Hotels, in Krankenhäusern oder an Flughäfen).

1. Bevor Frau Benzheim die Kleidung ihrer Kunden reinigt, schaut sie sich die Waschetiketten an. Heute muss sie eine Hose, ein Sakko und einen Pullover reinigen. Überlege, was sie zu beachten hat.

a) Erläutere, was die Waschzeichen bedeuten. Vervollständige dazu die vorgegebenen Sätze und schreibe in dein Heft, wie Frau Benzheim das Kleidungsstück zu reinigen hat.

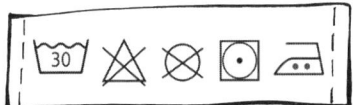 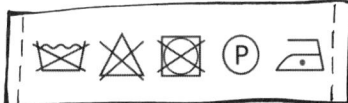 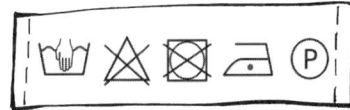

Die Hose muss sie …   Das Sakko darf sie …   Den Pullover hat sie …

b) Da Frau Benzheim spezielle Waschmittel verwendet, die chemische und gefährliche Inhaltsstoffe haben, muss sie auch die Hinweiszeichen auf den Waschmitteln verstehen. Erkläre, was die folgenden Zeichen bedeuten. Schreibe in dein Heft.

①  ②  ③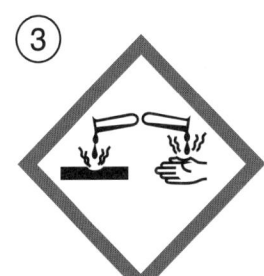

Sich und andere informieren

2.4 Die Bedeutung nichtsprachlicher Zeichen verstehen (Textilreiniger/-in)

2. An jedem Arbeitsplatz gibt es Piktogramme zur Sicherheit, Gefahrenvermeidung und Orientierung. Auch Praktikant Vladimir muss solche Zeichen kennen.

a) Erläutere, welche Bedeutung diese allgemeinen Zeichen in einer Wäscherei haben. Notiere in deinem Heft.

b) Man unterscheidet vier Schildertypen, die farblich gekennzeichnet sind: Gebot (blau), Verbot (rot), Warnung (gelb) und Hinweis/Rettung (grün). Lege in deinem Heft eine Tabelle an und ordne die folgenden zwölf Schilder einer Farbe zu. Notiere auch, welche Bedeutung sie haben und wo du sie findest.

c) Sei kreativ. Entwerfe ein eigenes Gebots-, Verbots-, Hinweis- oder Warnschild. Zeichne es in dein Heft. Lass die anderen raten, welche Bedeutung dein Schild hat und wo man es finden/aufhängen könnte.

3.1 Eine E-Mail verfassen (Kaufmann/-frau für Büromanagement)

Was macht eigentlich ein Kaufmann/eine Kauffrau für Büromanagement?

Ob Terminplanung und -einhaltung, Erstellung von Präsentationen, Beschaffung von Büromaterial, Vorbereitung von Sitzungen oder Tagungen, Organisation von Dienstreisen, Kaufleute für Büromanagement behalten stets den Überblick über alle Abläufe, z. B. in einem Betrieb oder einer Institution. Neben Organisation und Planung verfassen sie u. a. Geschäftsbriefe, Protokolle sowie Aktenvermerke und führen Telefonate. Wenn sie z. B. auf dem Gemeindebüro tätig sind, dann helfen sie den Bürgern auch bei Antragstellungen.

1. Frau Zack arbeitet als Kauffrau für Büromanagement für das Textilunternehmen Schick AG, das regelmäßig hausinterne Messen und Schulungen durchführt. Zu ihren Aufgaben gehört es, diese zu organisieren. Bei der folgenden Veranstaltung haben sich Raum, Uhrzeit und Personenanzahl geändert.

a) Lies dir die Einladung durch.

Textilunternehmen Schick AG
Schneiderstraße 56
12446 Seidenfaden
Tel: 0445/1237
Fax: 0445/1238

www.schick-seidenfaden.de
Geschäftsführer: Herr Carsten Nadel
Amtsgericht Seidenfaden HRB 0456

**Einladung zur hausinternen Modemesse
am Mi., 15.03.2019: <u>Der nächste Frühling kommt bestimmt</u>**

– 9.00 Uhr: Begrüßung durch den Geschäftsführer
  Herrn Carsten Nadel im ~~Meetingraum 1M1~~ *Foyer*

– Präsentation der neuen Stoffe, Schnitte, Farben und Muster
  für die Frühjahrskollektion durch die Partnerfirma Wolle und Feine

– ~~11.00 Uhr~~: Modenschau *13.00 Uhr*

Im Anschluss laden wir Sie ab 12.30 Uhr herzlich ein, sich am Büfett der Cateringfirma Genusswelt zu bedienen.

*Personenanzahl
von 30 auf 25 reduziert*

Wir freuen uns, mit Ihnen einen schönen Tag zu verbringen.

Es ist keine Anmeldung erforderlich.

Mit freundlichen Grüßen
Carsten Nadel

Umgang mit neuen Kommunikationsmedien

3.1 Eine E-Mail verfassen (Kaufmann/-frau für Büromanagement)

b) Informiere Herrn Jörg Kloß vom Cateringservice Genusswelt über die Änderungen. Fehlende Angaben darfst du frei erfinden. Schreibe eine E-Mail in dein Heft. **Oder:** Wenn es dir möglich ist, dann nutze dafür ein Mailprogramm am PC. Drucke die E-Mail anschließend aus oder sende sie an deinen Lehrer.

An…	
Cc…	
Betreff	

2. Die Schick AG sucht zum 1. September 2019 neue Auszubildende. Der Schüler Christof Hall möchte eine Ausbildung zum Kaufmann für Büromanagement machen und bewirbt sich auf folgende Stellenanzeige.

a) Da der Umgang mit neuen Kommunikationsmedien in diesem Beruf wichtig ist, muss er eine E-Mail-Bewerbung anfertigen. Schreibe in dein Heft oder verfahre, wie in Aufgabe 1 beschrieben.

Schick

Unser Familienunternehmen Schick AG sucht zur Verstärkung für unsere Verwaltung ab 1. September 2019:

Eine/n Auszubildende/n zur/zum Kauffrau/-mann für Büromanagement

Was Sie mitbringen sollten:
- mindestens einen guten Hauptschul- oder Realschulabschluss
- Kommunikations- und Organisationsstärke
- gute Rechtschreibkenntnisse und Textsicherheit
- strukturierte und sorgfältige Arbeitsweise
- Offenheit, Flexibilität und Teamgeist
- gute PC-Kenntnisse

Aussagekräftige und vollständige Bewerbungsunterlagen per E-Mail bis spätestens 5. Mai 2019 bitte an unsere Personalleiterin Frau Filzer (MaritaFilzer@schick-seidenfaden.de) senden.

3.1 Eine E-Mail verfassen (Kaufmann/-frau für Büromanagement)

b) Auch Gina Winter hat sich auf die Stelle beworben. Leider sind ihr einige Fehler (Inhalt, Rechtschreibung, Ausdruck) passiert. Finde alle fehlerhaften oder unpassenden Wörter bzw. Textstellen und kommentiere sie in deinem Heft.

An…	CarstenNadel@schick-seidenfaden.de
Cc…	
Betreff	Bewerbung um einen Ausbildungsplatz
Datum	05.05.2019, 23:45

Sehr geehrte Frau Flizer,

Glücklicherweise habe ich ihre Stellenanzeige auf der Homepage entdeckt und bewerbe mich nun um einen Ausbildungsplatz als Kauffrau für Büromanagement zum 01.09.2019. Vor sechs Wochen habe ich meinen Hauptschulabschluss an der Friederich-Ernst-Gesamtschule in Kleeblatttal absolviert. Im Rahmen eines zweiwöchigen Betriebspraktikums im achten Schuljahr habe ich bei einem Softwareunternehmen in das Berufsbild der Kauffrau für Büromanagement Einblicke erhalten. Ich finde es schön, mich mit Menschen während der Arbeit über das Telefon oder andere Kommunikationsmittel unterhalten zu können. Das stärkt den Teamgeist. Ich habe gute Rechtschreibkenntnisse und Textsicherheit und meine Mutter sagt mir immer eine strukturierte und sorgfältige Arbeitsweise nach, weil ich meinen Schreibtisch immer aufgeräumt habe. Mich würde es schwer begeistern, wenn sie mich zu einem Vorstellungsgespräch einladen würden.

Mit freundlichen Grüßen

Gina Winter :-)

3. Mia hat heute im Unterricht erfahren, was sie alles bei einer E-Mail-Bewerbung zu beachten hat. Sie berichtet ihrem kranken Mitschüler Sören davon. Allerdings sind nicht alle Aussagen richtig.

a) Schreibe nur die richtigen in dein Heft.

① Bei einer E-Mail-Bewerbung musst du die Rechtschreibung nicht überprüfen, da dies das Rechtschreibprogramm deines Computers erledigt.

② Eine E-Mail-Bewerbung darfst du niemals an eine Sammelstelle verschicken, sondern an die für Bewerbungen zuständige Person oder Abteilung.

③ Das Anschreiben einer E-Mail-Bewerbung kannst du sprachlich locker formulieren Zudem darfst du Bilder, farbige Elemente oder Cliparts verwenden.

④ Die Bewerbung per E-Mail umfasst die gleichen inhaltlichen Punkte wie die Bewerbung in Papierform.

⑤ Eine E-Mail-Bewerbung ist praktisch, weil alle Firmen das gleiche Dateiformat haben und du keine Probleme damit haben wirst, Texte und Fotos zu verschicken.

Umgang mit neuen Kommunikationsmedien

3.1 Eine E-Mail verfassen (Kaufmann/-frau für Büromanagement)

⑥ Super ist auch, dass du eine solche Bewerbung am letzten Bewerbungstag noch spät in der Nacht wegschicken kannst, wenn die Poststelle schon längst geschlossen hat.

⑦ Bei der E-Mail-Bewerbung beginnst du das Anschreiben direkt mit der Anrede des Ansprechpartners.

⑧ Vorteilhaft ist auch, dass du per Mausklick ganz schnell mehreren Firmen den gleichen Bewerbungstext zusenden kannst. Du musst nur alle Firmen im Verteiler angeben.

b) Ob Bewerbungsschreiben per E-Mail oder in Papierform verschickt werden, der Text muss gut formuliert sein. Lies dir die folgenden fünf Auszüge aus verschiedenen Anschreiben durch und formuliere sie um. Schreibe in dein Heft.

① In meiner Freizeit beschäftige ich mich gerne mit dem Computer.

② Gerne komme ich nächste Woche vorbei, damit Sie mir die Werkstatt schon zeigen können.

④ Laden Sie mich bitte zu einem Vorstellungsgespräch ein.

③ Ich glaube, dass ich ein verantwortungsbewusster Mensch bin.

⑤ Da ich ein zweiwöchiges Praktikum als Floristin erledigt habe, habe ich Berufserfahrung.

3.2 Manuelles und digitales Nachschlagen (Buchhändler/-in)

Was macht eigentlich ein Buchhändler/eine Buchhändlerin?

Ob Bücher, Zeitschriften, Hörbücher oder vielfältige elektronische Produkte, damit handeln Buchhändler/-innen. Das heißt, sie beraten ihre Kunden über diese Produkte oder helfen ihnen bei der Suche, wenn nur Autor, Titel oder Verlag bekannt ist. Dafür nutzen sie die elektronische Recherche mittels Suchmaschinen, aber auch nichtelektronische Nachschlagemöglichkeiten, z. B. Branchenverzeichnisse. Zu ihren weiteren Tätigkeiten gehören neben dem Beraten, Bestellen und Verkaufen auch das Schreiben von Rechnungen, das Kontrollieren von Lieferungen sowie das Gestalten und Dekorieren der Schaufenster, Regale und Verkaufstische.

1. Als Buchhändler benötigt man ein gutes Allgemeinwissen. Dazu gehört, dass man weiß, wann der Autor geboren ist, ob er noch lebt und welcher literarischen Epoche er zuzuordnen ist.

a) Schlage in einem Lexikon oder einer Literaturgeschichte das Geburts- und Sterbedatum der folgenden Autoren nach. Notiere auch, in welcher Literaturepoche sie gelebt haben. Beginne mit dem aus heutiger Sicht ältesten.

- Theodor Fontane
- Friedrich Schiller
- Heinrich Heine
- Eduard Mörike
- Bernhard Schlink
- Brüder Grimm
- Erich Kästner
- Walther von der Vogelweide

b) Finde heraus, welcher Fachbegriff aus der Bücherwelt sich hinter den Erklärungen versteckt. Achtung: Nicht alle Begriffe aus dem Kasten passen. Schreibe in dein Heft.

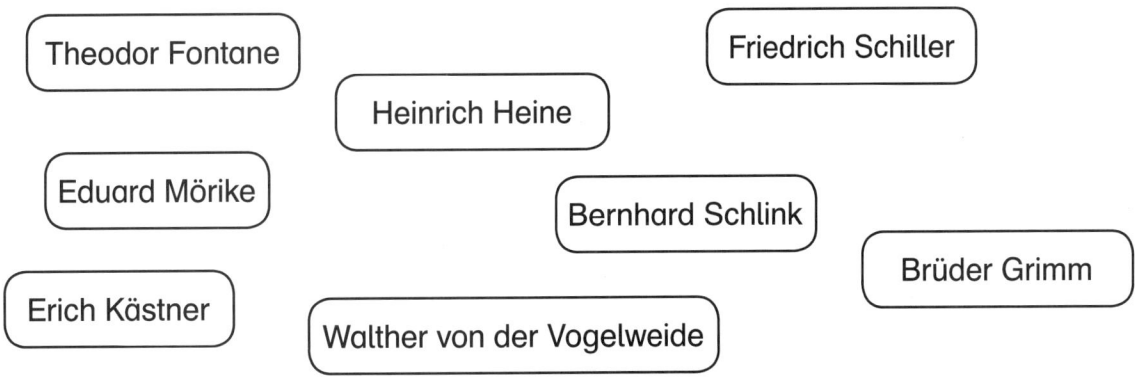

Signatur   Übersetzer   Autor   Leihfrist   Katalog   Pseudonym   Register
Verlag   Impressum   Lyrisches Ich   Herausgeber   Erzähler   ISBN

- Betrieb, der Bücher herstellt und verkauft
- Person, die ein Buch geschrieben hat

Umgang mit neuen Kommunikationsmedien

3.2 Manuelles und digitales Nachschlagen (Buchhändler/-in)

> Eine eindeutige Kennzeichnung von z. B. Büchern und Multimediaprodukten im Buchhandel mit einer internationalen Standardbuchnummer

> Ein ausgedachter Name, unter dem man Bücher oder Texte schreibt

> Hier werden alle, die am Inhalt und der Gestaltung eines Buches mitgewirkt haben, namentlich erwähnt

> Personen, die Texte oder Werke von Leuten vorbereiten und zu einem Buch zusammenstellen

c) Wenn du beispielsweise lediglich den Titel, den Autor, die ISBN oder vielleicht nur ein Stichwort kennst, kannst du einen Teil der Arbeit eines Buchhändlers von zu Hause aus erledigen. Große Buchhändlerketten bieten dir die Möglichkeit, auf ihren Homepages nachzuschlagen. Finde mithilfe der Suchfunktionen auf der Seite der Buchhändlerketten im Internet die fehlenden Angaben heraus.

ISBN: ?
Titel: Behalt das Leben lieb
Autor: ?
Erscheinungsdatum: ?
Auflage: 33. Auflage
Verlag: ?
Altersempfehlung: ab 14
Preis: ?

ISBN: 978-3-423-70144-0
Titel: ?
Autor: ?
Erscheinungsdatum: ?
Auflage: ?
Verlag: ?
Altersempfehlung: ?
Preis: ?

2. Die Auszubildende Mara soll vier Verkaufstische neu dekorieren. Die darauf ausgelegten Bücher haben jeweils eine Gemeinsamkeit. Aber Vorsicht, unter den folgenden Buchtiteln verstecken sich auch Außenseiter. Bearbeite alle Aufgaben in deinem Heft.

a) Lies dir die Buchtitel durch und überlege dir für jeden der vier Verkaufstische eine Gemeinsamkeit. Benenne die Tische danach.
b) Ordne die Bücher einem der vier Tische zu.
c) Liste alle Außenseiter auf und begründe schriftlich, warum sie nicht dazugehören.

3.2 Manuelles und digitales Nachschlagen (Buchhändler/-in)

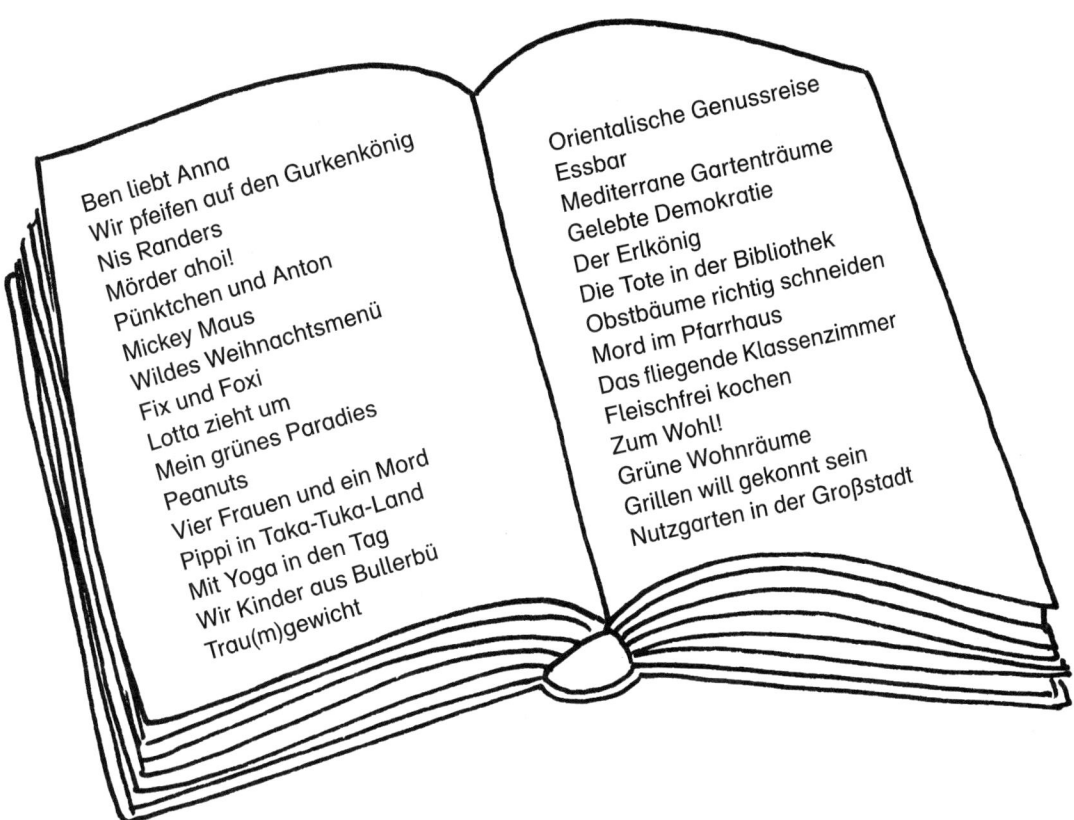

3. Als Buchhändler ist es besonders bei Beratungsgesprächen vorteilhaft, wenn man selbst gerne liest.

a) Stelle deiner Klasse ein Buch vor. Dein Vortrag sollte folgende Informationen enthalten:
   – Gründe für die Wahl des Buches
   – Angaben zum Buch (Verlag, Umfang, Erscheinungsjahr, Preis, Altersempfehlung)
   – Angaben zum Titel und zum Autor
   – Angaben zum Inhalt (Ort, Zeit, Thema, wichtige Personen, Handlung)
   – Kurze Leseprobe geben, die die Zuhörer neugierig macht
   – Hinweis, ob es Verfilmung oder Hörbuch gibt
   – Persönliche Bewertung abgeben
   – Verweis auf Internetbewertungen und Buchkritiken in Zeitungen

b) Fertige zu deinem Vortrag ein entsprechendes Handout an.

3.3 Ein Faxformular ausfüllen (Tourismuskaufmann/-frau)

Was macht eigentlich ein Tourismuskaufmann/eine Tourismuskauffrau?

Tourismuskaufleute sind Urlaubsplaner. Sie beraten ihre Kunden bei der Auswahl und Buchung einer Reise. Dabei orientieren sie sich immer am Kundenwunsch. Ist das Reiseziel gefunden, dann beginnt erst die eigentliche Arbeit. Nach Vertragsschluss werden Reservierungen und Buchungen vorgenommen. Dazu nimmt der Tourismuskaufmann/die Tourismuskauffrau mittels Telefon z. B. mit Fluggesellschaften, Reiseveranstaltern und Hotels Kontakt auf und führt mit diesen Schriftverkehr per Fax oder E-Mail. Auch Umbuchungen oder Stornierungen werden auf diesen Kommunikationswegen vorgenommen. Tourismuskaufleute arbeiten viel mit dem Computer und speziellen Anwendungsprogrammen.

1. Das Ehepaar Schneider hat sich kurzfristig entschieden, mit ihrer neunjährigen Tochter Elena vom 21.8. bis zum 28.8. Urlaub im Hotel Club Holiday auf Mallorca zu machen. Da heute schon der 5.8. ist, schreibt Herr Tiehle vom Reisebüro Reisefieber dem Hotel ein Fax, in dem er anfragt, ob noch ein Appartement in dieser Zeit frei wäre.

a) Schreibe den Text dieses Faxes in dein Heft. Verwende die Firmenangaben aus Aufgabe 2. Fehlende Angaben darfst du dir selbst überlegen.

An:	Absender:
Datum:	
Seitenanzahl:	
Betreff:	

b) Familie Schneider möchte für das Hotel maximal 2200 € ausgeben. Kann sie sich den Urlaub überhaupt leisten? Ermittle anhand der Tabelle die Kosten für den Urlaub. Beantworte die Aufgabe in ganzen Sätzen in deinem Heft.

Club Holiday ***											
Reisetermine	von bis	01.05. 11.06.	12.06. 24.06.	25.06. 05.07.	06.07. 13.08.	14.08. 19.08.	20.08. 30.08.	31.08. 13.09.	14.09. 27.09.	28.09. 11.10.	12.10. 26.10.
Reisedauer 7 Nächte		A	B	C	D	D	C	B	B	A	A
Reisedauer 8 bis 14 Nächte		A	B	B	D	D	C	B	A	A	A
Reisedauer ab 15 Nächte		A	B	B	D	D	B	B	A	A	A
		Belegung		A		B		C		D	
				1 Wo.	2 Wo.	1 Wo.	2 Wo.	1 Wo.	2 Wo.	1 Wo.	2 Wo.
Appartement (Preis pro Person)	VP	3		764	1199	809	1289	839	1349	864	1399
	VP	2		819	1309	879	1429	909	1489	939	1549
	VP	1		954	1579	1044	1759	1074	1819	1129	1929
Kinderfestpreis	VP			255		266		299		311	
Früh buchen, clever sparen. Bei Buchung bis 31.03. sparen Sie pro Person u. Woche				40		40		20		20	

3.3 Ein Faxformular ausfüllen (Tourismuskaufmann/-frau)

2. Manchmal führt Herr Tiehle gemeinsam mit seinem Bruder, der ein Busunternehmen hat, Städtereisen für Vereine durch.

a) Lies dir das folgende Fax, das Herr Thiele an den Vorsitzenden des Vereins Reisefreunde geschickt hat, durch.

Fax

An den
Verein Reisefreunde WBT
Vorsitzender Herr Kurt Vogel
Fax: 098/443301

Datum: 03.09.2018

Seitenanzahl: 2

Reisebüro Reisefieber GmbH
Waldgasse 45
13557 Wanderbachtal
Tel: 098/556688
Fax: 098/556687
www.Reisefieber-Tiehle.de
Geschäftsführer: Herr Bernhard Thiele
Amtsgericht Wanderbachtal HRB 0678

Betreff: Angebot 15236, 14-tägige Busreise „Deuropa – Deutschland und Europa"
vom 07.06. bis 21.06.2019
Buchung bis spätestens 3 Wochen vor Reisebeginn möglich!

Sehr geehrter Herr Vogel,

wir bedanken uns für Ihre alljährliche Anfrage. Gerne unterbreiten wir Ihnen nachfolgendes Angebot für Ihren Verein Reisefreunde WBT.

<u>Teilnehmerzahl:</u> max. 60

<u>Reisebeginn/-ende:</u> Kassel am 07.06.19 um 5.00 Uhr am Herkulesparkplatz Wilhelmshöhe;
Rückkehr am 21.06.19 um 15.00 Uhr

<u>Fahrtablauf:</u> Kassel –> Berlin (ÜF) –> Hamburg (ÜF) –> Mainz (ÜF) –> über
Saarbrücken und Reims nach Paris (2ÜHP) –> über die Alpen nach
Bern (ÜF) –> Pisa (ÜF) –> Rom (2ÜHP) –> Venedig (1ÜHP) –> über
Innsbruck nach München (ÜF) –> Kassel

<u>Unsere Leistungen:</u>

- Planung und Vorbereitung der Fahrt
- Busfahrt ab Kassel sowie tägliche Fahrten laut Programm/Ablauf in einem modernen Reisebus
- Kosten für den Busfahrer
- Insolvenzversicherung

<u>Reisepreis:</u> 1 515,88 €/Pers.

Wir empfehlen den Abschluss eines Reiseschutz-Pakets bzw. einer Reiserücktritts-kostenversicherung.

Umgang mit neuen Kommunikationsmedien

3.3 Ein Faxformular ausfüllen (Tourismuskaufmann/-frau)

b) Damit die Vereinsmitglieder einen Überblick über die Route haben, hat Herr Tiehle eine Karte entworfen, die er auch als Fax sendet. Trage dafür alle Städte (●) und die gesamte Route (–>), die in dem Reiseangebot genannt werden, auf der abgebildeten Karte ein.

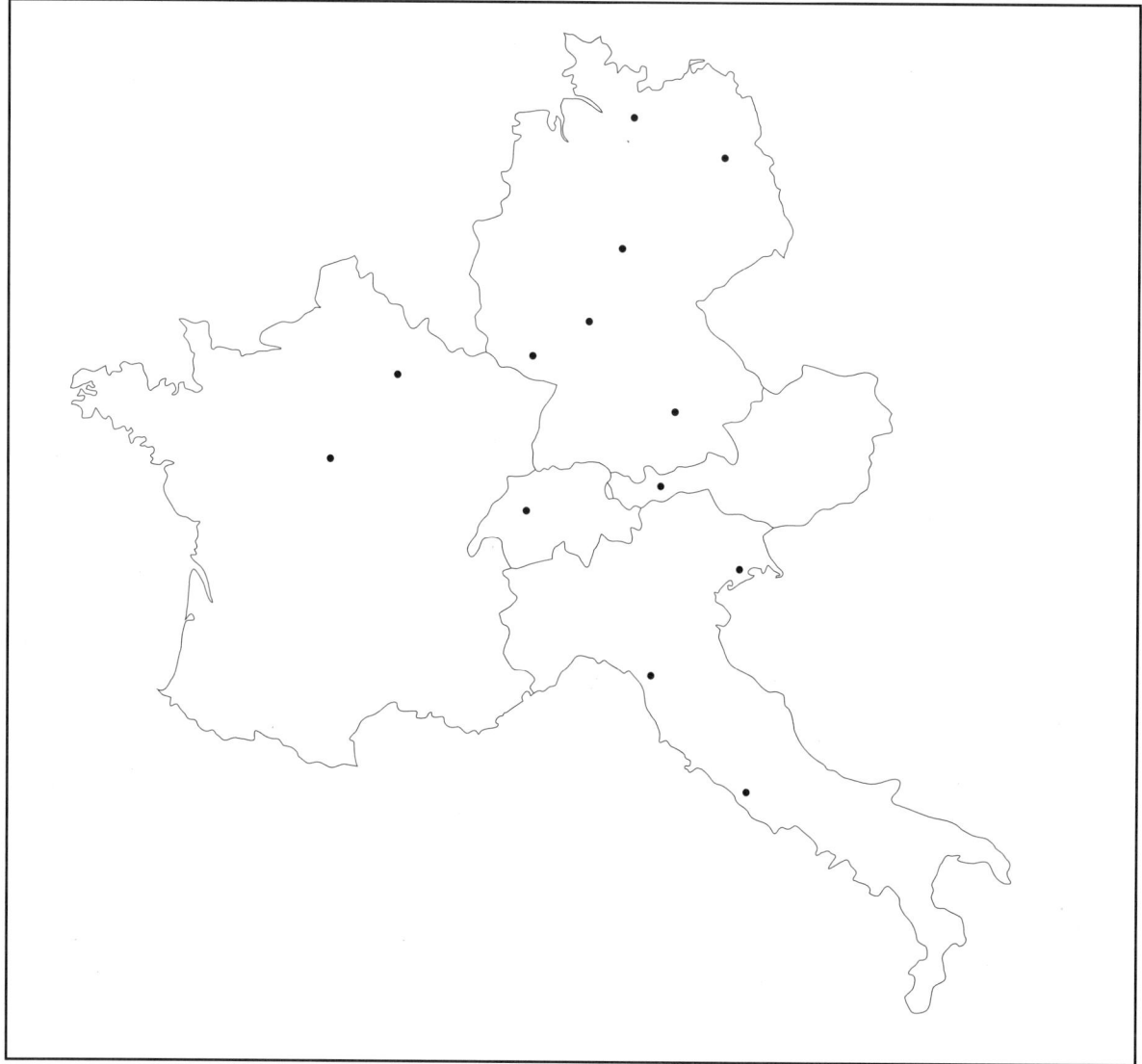

c) Herr Vogel informiert seine Vereinsmitglieder anhand der beiden Faxseiten über das Reiseangebot. Grundsätzlich ist die Mehrheit an der Reise interessiert. Doch bevor die Vereinsmitglieder die Reise buchen, sind noch Fragen zu klären. Überlege dir mindestens fünf Fragen an den Reiseveranstalter Herrn Thiele. Schreibe ein Antwortfax, in dem du ihm die Fragen stellst. Notiere in deinem Heft.

Umgang mit neuen Kommunikationsmedien

4.1 Berichten (Beamter/Beamtin im mittleren feuerwehrtechnischen Dienst)

Was macht eigentlich ein Beamter/eine Beamtin im mittleren feuerwehrtechnischen Dienst?

Es muss nicht immer einen Brand geben, damit die Feuerwehr ausrückt. Beamte/Beamtinnen im mittleren feuerwehrtechnischen Dienst übernehmen auch gegebenenfalls die Erstversorgung von Verletzten bei Autounfällen. Natürlich gehört zu ihren Haupttätigkeiten das Sichern, Bekämpfen und Beseitigen von Gefahrenquellen sowie das Schützen von Gebäuden, Pflanzen oder Wäldern und das Bergen von Personen und Tieren. Wenn sie nicht im Einsatz sind, warten sie ihre Geräte und Fahrzeuge und halten ihre persönliche Schutzausrüstung stets einsatzbereit. Es ist auch die Zeit, in der sie Berichte und Protokolle über Einsätze anfertigen.

1. Vitali Aquarius hat als Beamter im mittleren feuerwehrtechnischen Dienst den folgenden Einsatz zu verschriftlichen.

a) Schreibe einen Bericht über den genannten Brand. Verwende alle Stichwörter im Kasten.
<u>Hinweis:</u> Die Stichpunkte sind nicht geordnet.

> Fettbrand   Industriepark Fischbach   aus Küche retten   dritten Grades   Hausalarm
> im 1. Stock   mit Wasser löschen   Brandursache   424 Firmenmitarbeiter und zehnköpfiges Küchenpersonal
> SMS per Handy schreiben   Hubschrauber   Stichflamme   Spezialklinik   12:13 Uhr   evakuieren
> Kochazubi   vergessen   Bratpfanne   Freundin   Öl erhitzen   Kohlendioxid einsetzen
> Rauchvergiftung   13.09.2018   Sachschaden ca. 60 000 €   Fleisch anbraten   Kantine
> Verbrennungen: Gesicht, Oberkörper, Arme   Donnerstagmittag   brennen

b) Vitali muss beim Schreiben von Berichten nicht nur die W-Fragen der Reihe nach beantworten und eine sachliche Sprache wählen, sondern auch Fachbegriffe verwenden. Sieh dir die drei Bilder an. Notiere in deinem Heft, wie der jeweilige Unfall heißt und erkläre deiner Klasse, wie es dazu kommt und wie diese Gefahrenquellen zu vermeiden sind. Hierfür kannst du auch das Internet als Informationsquelle nutzen.

Textproduktion

4.1 Berichten (Beamter/Beamtin im mittleren feuerwehrtechnischen Dienst)

2. Die Auszubildenden zur Beamtin im mittleren feuerwehrtechnischen Dienst Ricarda und Sophie lernen, dass sie beim Berichtschreiben bestimmte inhaltliche und formale Merkmale zu berücksichtigen haben.

a) In dem Kasten findest du verschiedene Wortfetzen aus unterschiedlichen Berichten. Schreibe die W-Fragen auf und notiere dahinter die passenden Angaben.
<u>Hinweis:</u> Es sind auch unwichtige Informationen enthalten, die du extra auflistest.

> Verbrennungen dritten Grades   um 12.22 Uhr   an der Bahnunterführung
> frisch lackierter Mülleimer brannte   ein 80-jähriger Mann mit einer Glatze und vielen Altersflecken
> Bushaltestelle Kreuzgartenstraße   durch einen herabfallenden Ast   Blechschaden
> eine altmodisch gekleidete Frau   an einem sonnigen Montagmorgen   Wasserrohrbruch
> sehr trockenes Stroh entzündete sich
> beim stundenlangen Telefonieren nicht an eingeschaltetes Bügeleisen gedacht
> Gasexplosion   mit Hubschrauber abtransportiert   Stromschlag   08.08.2018   Verpuffung
> linken Arm gebrochen   verliebtes Mädchen   unglücklich auf Bananenschale ausgerutscht
> verwirrter Frischling rannte Wildsau hinterher   Zentrumskreisel
> Lkw bei Meyers in Vorgarten gerast   Krötenwanderung ausgewichen
> seit dem Unfall nicht mehr auf Baum geklettert   im riesigen Stadion

b) Durch die Verwendung von Fachbegriffen wird der Bericht genauer. Notiere in deinem Heft, welche Wörter zusammenpassen.
<u>Hinweis:</u> Es verstecken sich neun Außenseiter-Wörter. Liste sie extra auf.

> geschehen   Narbe   berichten   passieren   Blessur   Lkw
> Schutzengel   informieren   mitteilen   Motorrad   Kinderwagen
> gesellschaftlich   melden   sich ereignen   einschlafen   Schramme
> Verletzung   verschweigen   wohltätig   vorfallen   alarmieren   Pkw
> rachsüchtig   ablaufen   Kratzer   hilfsbereit   Wunde   Einrad
> egoistisch   Caravan   sozial   selbstlos   Traktor   verklagen

c) Ein Bericht wird in der Zeitform der Vergangenheit (Präteritum, Plusquamperfekt) verfasst. Lege in deinem Heft eine sechsspaltige Tabelle an (Infinitiv, Präsens, Perfekt, Präteritum, Plusquamperfekt, Futur I). Notiere die folgenden Angaben in der Tabelle und vervollständige sie.

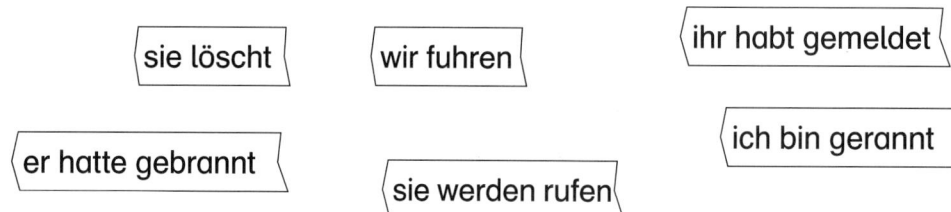

4.2 Tätigkeiten beschreiben (Koch/Köchin)

Was macht eigentlich ein Koch/eine Köchin?

Zu den Haupttätigkeiten eines Kochs/einer Köchin gehören das Ausnehmen, Braten, Kochen, Schmoren, Panieren oder Gratinieren von verschiedensten Lebensmitteln unter besonders hygienischen Bedingungen. Grundlage der hergestellten Speisen und gekochten Menüs sind Rezepte, die Schritt für Schritt beschreiben, was zu tun ist, damit auch nichts vergessen wird. Neben der Speisenherstellung gehört auch die Preiskalkulation dazu. Schließlich muss sich die Arbeit auch wirtschaftlich lohnen. Als Koch/Köchin kann man nicht nur in Restaurants arbeiten, sondern auch in Hotels, Krankenhäusern, Kantinen oder auf Schiffen.

1. Kochazubi Milan soll für sein Berichtsheft eine Tätigkeit beschreiben. Dafür notiert er mithilfe der Bilder Schritt für Schritt den Arbeitsablauf bei der Zubereitung eines Wiener Schnitzels.

a) Bringe zunächst die sechs Bilder in die richtige Reihenfolge.
b) Verwende alle Wörter aus dem Kasten. Schreibe in dein Heft.

| Panade | garnieren | durchziehen | Eier | wenden | Plattiereisen |
| schwimmend | Mehl | verquirlen | plattieren | panieren | Küchenkrepp |

Textproduktion

4.2 Tätigkeiten beschreiben (Koch/Köchin)

2. Anni hat bereits eine Tätigkeitsbeschreibung über das Fischfiletieren angefertigt. Allerdings muss sie diese sprachlich überarbeiten.

a) Durch Wörter wie *zuerst* oder *dann* wird die Reihenfolge der Arbeitsschritte verdeutlicht. Notiere mindestens acht weitere Wörter in deinem Heft.

b) Überarbeite nun Annis Beschreibung. Stelle dafür die Sätze um, wähle verschiedene Satzanfänge und verbinde Sätze mit passenden Konjunktionen. Schreibe in dein Heft.

Einen Fisch filetieren

Ich nehme ein scharfes Messer mit einer dünnen Spitze. Den Fisch am Bauch entlang vom Schwanz bis zum Kopf aufschneiden. Der Schnitt darf nicht zu tief sein. Keine Organe sollten verletzt werden. Ich entferne die Organe mit den Händen und wasche den Fisch sorgfältig aus. Es sollten keine Innereien zurückbleiben. Flosse und Schwanz abschneiden. Den Kopf entfernen, hinter den Kiemen abschneiden. Den Fisch schräg bis zur Mittelgräte einschneiden. Mit der Messerklinge unter das Fleisch gehen und in Richtung Schwanz führen. Ich löse das Filet von der Mittelgräte ab. Das Fischfilet auf die Hautseite legen und vom Schwanz bis zum Kopf das Fleisch von der Haut trennen. Nun das Bauchfett entfernen.

---

3. Deine Beschreibung klingt abwechslungsreicher, wenn du Aktiv- und Passivformulierungen verwendest.

a) Lege in deinem Heft eine Tabelle (Aktiv, Passiv) an und ordne die vorgegebenen Sätze der richtigen Spalte zu.

b) Vervollständige deine Tabelle. Wandle die Sätze entsprechend um: Aktiv in Passiv und Passiv in Aktiv.

① Heute wird ein Auflauf mit frischen Gartenkräutern von uns zubereitet.

② Der Küchenchef lobt Mira für ihre leckere Soße.

③ Alle Kartoffeln sind von mir alleine geschält worden.

④ Der Gänsebraten ist erst vor zehn Minuten in den Ofen geschoben worden.

⑤ Für den Prüfungsausschuss wird vom Kochazubi ein „Gruß aus der Küche" zubereitet werden.

⑥ Die Köchin schmeckte die Tomatensuppe mit frisch gemahlenem Pfeffer ab.

⑦ Can hatte den Nudelteig gut durchgeknetet.

⑧ Die Kokosnuss war von Paul mit einem Hammer geöffnet worden.

⑨ Ein Kilogramm Walnüsse sind von den Kochlehrlingen geknackt worden.

⑩ Zwei Gemüseschnitzerinnen haben den Gästen verschiedene Schnitztechniken vorgeführt.

4.3 Wege beschreiben (Fachkraft im Fahrbetrieb m/w)

Was macht eigentlich eine Fachkraft im Fahrbetrieb (m/w)?

Personen mit Bus, Straßen- oder U-Bahn von A nach B zu befördern, das ist die Haupttätigkeit einer Fachkraft im Fahrbetrieb. Daneben verkaufen Fachkräfte im Fahrbetrieb Fahrkarten, informieren Kunden z. B. über Verbindungen oder Tarife und wirken an der Fahrplangestaltung mit. Wenn sie nicht mit den Verkehrsmitteln unterwegs sind, sitzen sie in einem Servicebüro.

1. Amir macht eine Ausbildung zur Fachkraft im Fahrbetrieb in Köln. Dafür muss er den Stadtplan lesen und verstehen. Bearbeite die folgenden Aufgaben in deinem Heft.

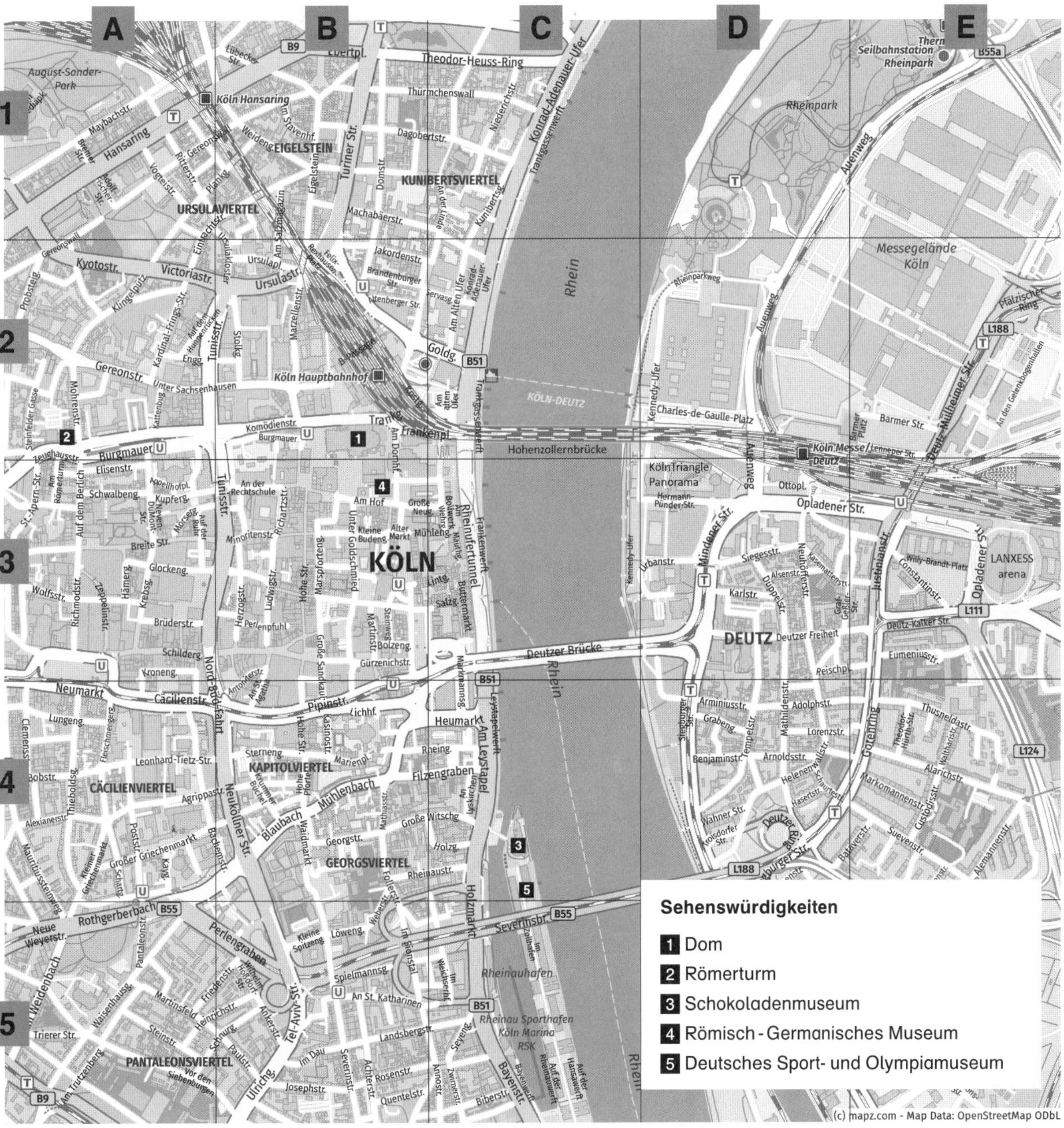

Sehenswürdigkeiten
1. Dom
2. Römerturm
3. Schokoladenmuseum
4. Römisch-Germanisches Museum
5. Deutsches Sport- und Olympiamuseum

Textproduktion

4.3 Wege beschreiben (Fachkraft im Fahrbetrieb m/w)

a) Auf der Karte ist zur Orientierung ein Quadratnetz angegeben. Ordne den fünf Sehenswürdigkeiten die passenden Angaben zu.

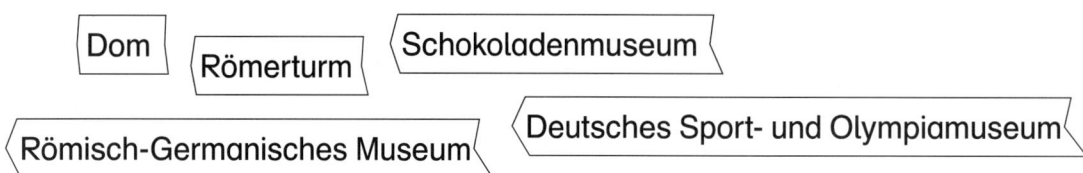

b) Finde heraus, welche Sehenswürdigkeiten sich hinter den Angaben verstecken.

E3   D3   E1/2

c) Nenne die drei Brücken, die über den Rhein in die Stadt führen. Gebe auch die Quadratnetzdaten an. Notiere, über welche Brücke die Züge fahren. Schreibe in dein Heft.

2. Die Klasse 8Ra ist auf Klassenfahrt in Köln. Heute dürfen sich die Schüler in Gruppen auf eigene Faust bewegen. Dafür nutzen sie den S- und U-Bahn-Plan.

a) Beschreibe den Weg, den die einzelnen Gruppen zurücklegen. Notiere in deinem Heft.

① Esra, Samira, Ben und Matteo möchten zum Kölner Zoo fahren. Sie steigen beim Barbarossaplatz ein.

② Tessa, Karim, Lena und Agnes laufen zum Rudolfplatz und möchten von dort aus zum Dom fahren.

③ Antonia, Lotte, Cederic und Fritz besuchen den Mediapark. Sie kommen gerade aus dem Schokoladenmuseum, das in der Nähe der Haltestelle Severinstraße liegt.

b) Manchmal muss eine schnelle Entscheidung getroffen werden, sonst fahren einem die S- oder U-Bahnen davon oder man fährt in die falsche Richtung. Wer findet die folgenden Stationen am schnellsten? Dein Lehrer hält die Zeit an, wenn der Erste stopp ruft.

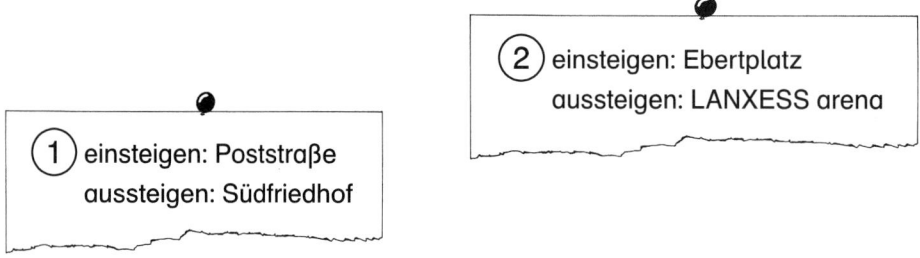

4.3 Wege beschreiben (Fachkraft im Fahrbetrieb m/w)

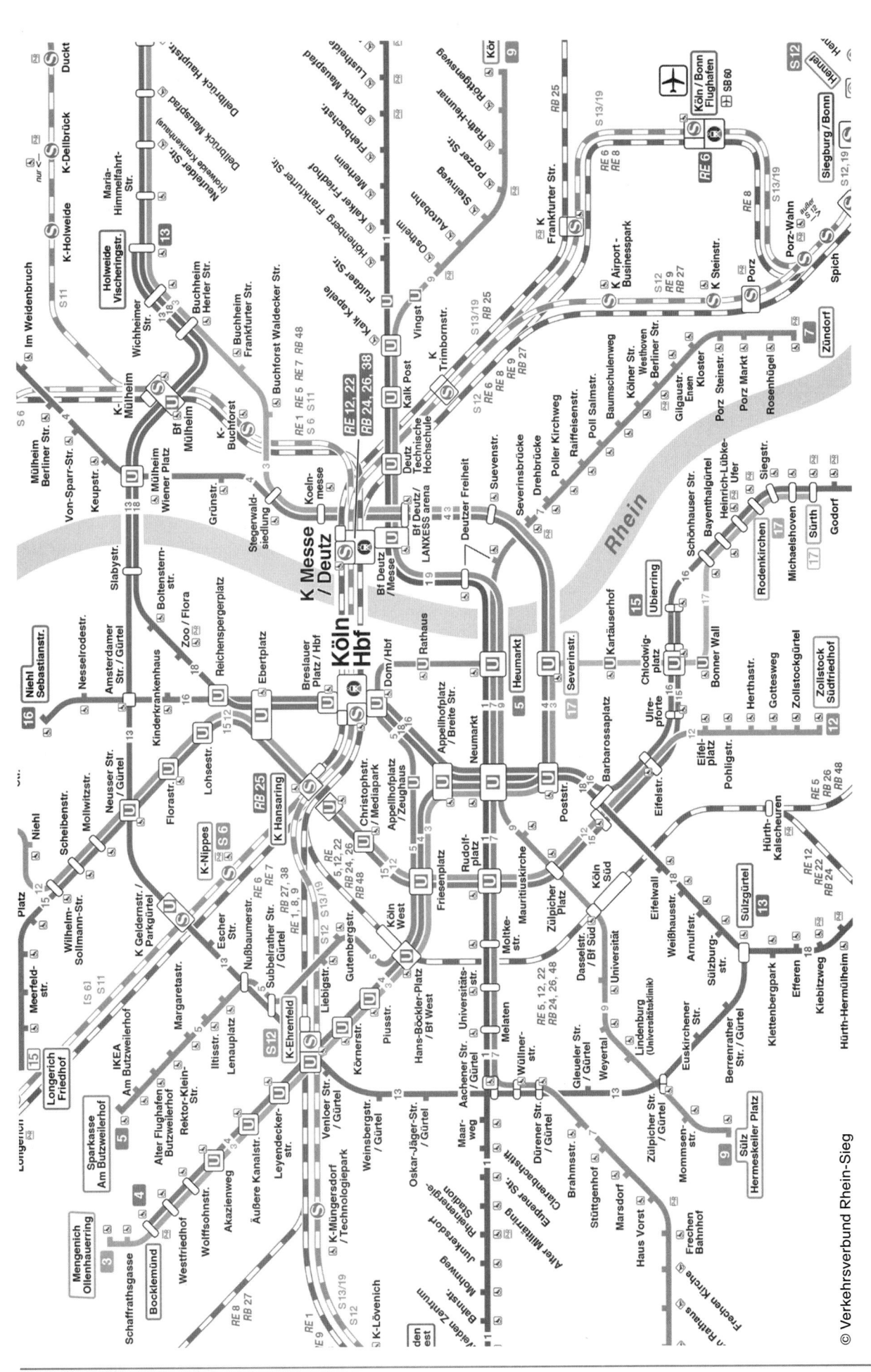

Textproduktion

4.4 Tiere beschreiben (Tierpfleger/-in der Fachrichtung Tierheim und Tierpension)

Was macht eigentlich ein Tierpfleger/eine Tierpflegerin der Fachrichtung Tierheim und Tierpension?

Tierpfleger/-innen der Fachrichtung Tierheim und Tierpension versorgen und betreuen Tiere, richten Unterkünfte für sie ein und helfen bei medizinischen Eingriffen mit. Auch muss das ein oder andere Tier, das ins Tierheim kommt, erzogen und ausgebildet werden, um es dann an neue Besitzer weitervermitteln zu können. Hier müssen die Tierpfleger/-innen Vermittlungsarbeit leisten, indem sie z. B. Zeitungsanzeigen, Werbeplakate oder Homepages mit entsprechenden Informationen erstellen. Außerdem ist die Öffentlichkeitsarbeit wichtig, um Spenden für die Versorgung der Tiere zu bekommen oder um für die Tierpension Werbung zu machen.

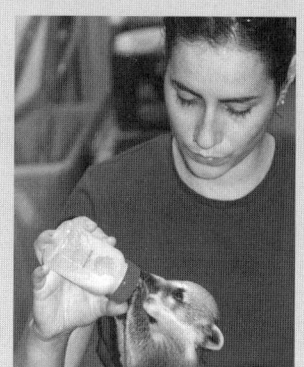

1. Das Tierheim Blumenthal sucht einen neuen Besitzer für sein Findelkind Kater Lorenzio. Deshalb schaltet Tierpflegerin Bjelle Bernhard eine Zeitungsanzeige im Blumenthaler Tageblatt.

a) Verfasse für Bjelle in deinem Heft eine Zeitungsanzeige. Nutze alle Stichwörter im Kasten, um Kater Lorenzio zu beschreiben. Achtung, die Stichwörter sind nicht sortiert!

---

durch Katzenschnupfen   kurzhaarig   etwa fünf Jahre alt
Kinder im Haushalt mindestens zehn Jahre alt   spielt gerne mit Wollknäueln
bevorzugt Tatar   verträgt sich gut mit anderen Katzen
graues Fell   kastriert   seit einem Jahr im Tierheim
wurde in einer Kiste unter Autobahnbrücke ausgesetzt
linkes Auge verloren   wählerisch beim Essen
bevorzugt es, sich in Räumen aufzuhalten
gesundheitlich fit   Findelkind   Spielverhalten sehr aktiv
von Tierschützern gefunden   Verträglichkeit mit anderen Tieren unbekannt
kinderlieb   isst mit der Pfote
verschmust   Perserkatze   Hunden

---

b) Finde eine ansprechende/werbewirksame Schlagzeile.

4.4 Tiere beschreiben (Tierpfleger/-in der Fachrichtung Tierheim und Tierpension)

2. Bevor man sich ein Haustier zulegt, ist es immer ratsam, sich von Experten beraten zu lassen und sich wichtige Informationen, wie z. B. über die artgerechte Haltung, einzuholen. Herr Geier möchte sich Agaporniden zulegen und holt sich Rat bei Tierpfleger Patrick von der Tierpension Vogelweide.

a) Informiere dich mittels Fachbüchern und Internet über die Agaporniden.
b) Erstelle zunächst in deinem Heft einen Steckbrief mit folgenden Angaben: Körpergröße, Aussehen, Vorkommen, Lebensweise, Nahrung, Pflege, Haltung, Besonderheiten.
c) Fertige nun eine vollständige Tierbeschreibung an. Berücksichtige alle Merkmale.
d) Führe mit einem Partner ein Beratungsgespräch auf der Grundlage deiner Recherchen. Erwähnt darin, worauf Herr Geier achten muss.

3. Manchmal kann ein Tier entlaufen. Dann muss eine Suchanzeige verfasst werden.

a) Schreibe zu deinem Haustier, einem dir bekannten Haustier oder deinem Lieblingstier eine Suchanzeige. Notiere in deinem Heft.
b) Denke auch an ein passendes Foto.

Textproduktion

4.5 Personen beschreiben (Polizeivollzugsbeamter/-beamtin im mittleren Dienst)

Was macht eigentlich ein Polizeivollzugsbeamter/eine Polizeivollzugsbeamtin im mittleren Dienst?

Streifenfahrten, Verkehrsüberwachung, Einsätze bei Verkehrsunfällen oder Großveranstaltungen, Aufklärung und Verfolgung von Diebstählen – für diese Aufgabenbereiche sind Polizeivollzugsbeamte/-beamtinnen zuständig. Sie sind aber nicht nur im Wach- und Streifendienst tätig: Wenn sie auf die Polizeidienststelle zurückkehren, müssen sie alle Tätigkeiten schriftlich festhalten. Das heißt, sie fertigen z. B. aus Zeugenbefragungen oder protokollierten Einbrüchen Anzeigen, Berichte und Beschreibungen an.

1. Der Polizeivollzugsbeamte Herr Wachsam hat am 22.07.2018 ein Foto von einem vermissten 75 Jahre alten Mann bekommen, der seit zwei Tagen aus dem Seniorenheim Sonnenschein in Rosendorf verschwunden ist.

a) Fertige in deinem Heft eine vollständige Vermisstenanzeige zu der hier dargestellten Person an. Achte bei deiner Personenbeschreibung auf den formalen Aufbau, die Rechtschreibung und den sprachlichen Ausdruck.

b) Male die Person mit den Farben deiner Wahl aus.

4.5 Personen beschreiben (Polizeivollzugsbeamter/-beamtin im mittleren Dienst)

2. Der Schäfer Bernhard Groß hat einen Diebstahl zu melden. Die Auszubildende Paula fertigt eine Personenbeschreibung an, die allerdings einige Fehler aufweist.

a) Markiere die Fehler.

b) Schreibe eine neue Personenbeschreibung in dein Heft. Achte auf die Reihenfolge, die Zeitform und eine sachliche, abwechslungsreiche Sprache. Fehlende Angaben darfst du frei ergänzen.

> Beobachtet?
> Eine Marktbesucherin entwendete ein Lammfell am Stand von Schäfer Bernhard Groß. Die Frau ist etwa 40 Jahre alt und leicht untersetzt, sodass sie eigentlich nicht diese enge Jeans tragen sollte. Sie hatte schwarze Haare, die sie kurz trägt. Durch die Haarfarbe fällt besonders ihre sehr blasse Hautfarbe auf. Man kann schon Leichenblässe dazu sagen. Sie hat eine tiefe, fast männliche Stimme. Sie hat ein Augenbrauenpiercing und am rechten Oberarm eine Narbe. Außerdem hat sie mitten auf ihrer schiefen Nase einen ekligen Leberfleck. Sie ist etwas kleiner als Herr Groß und dicker. Ihre kurzärmlige Bluse müsste jedem Marktbesucher ins Auge gefallen sein, da sie neongelb war. Die moderne Kleidung passte nicht zu ihren altmodischen weißen Turnschuhen. Das Lammfell ließ sie wahrscheinlich in einem dunkelbraunen Rucksack, der vielleicht auch am Donnerstag beim Täschner Klaus geklaut wurde und der an der linken Hand baumelte, verschwinden.
> Hinweise über den Aufenthaltsort der Frau nimmt jede Polizeidienststelle entgegen.

3. Bringe die folgenden Begriffe in eine sinnvolle Reihenfolge, die du bei einer Personenbeschreibung verwenden würdest. Einige Begriffe stellen dabei eine Unterkategorie dar und müssen den passenden Oberbegriffen zugeordnet werden.

a) Schreibe deine Auflistung in dein Heft.

> Lippen   Kinn   Kleidung   Besonderheiten   Gesicht   Haare
> Geschlecht   Brauen   Hals   Mund   Gestalt   Nase
> Mundwinkel   Erscheinung   Alter   Ohren   Augen   Kopf

b) Ordne die folgenden Stichpunkte einem passenden Oberbegriff aus Aufgabe a in deinem Heft zu. Manches kann mehrfach vorkommen.

> gezupft   kurzärmlig   breit   schmal   rund   gelb   knielang
> nach unten   buschig   Muttermal   braun   Locken
> hervorstehend   abstehend   Jeansrock   zwanzig   spitz
> lang   Bluse   gepflegt   Mädchen   Sandalen   goldfarben
> Brille   zierlich   durchsichtig   mandelförmig   struppig   oval

c) Beschreibe einen Mitschüler und lasse die anderen raten, um wen es sich handelt. Schreibe in dein Heft.

Textproduktion

4.6 Versuchsprotokolle anfertigen (Physiklaborant/-in)

Was macht eigentlich ein Physiklaborant/eine Physiklaborantin?

Mit Strom, Säure und Strahlung führen Physiklaboranten/-innen Versuche oder Messreihen durch, um die Eigenschaften von verschiedenen Werkstoffen und Systemen zu ermitteln. Dafür bauen sie Versuchs- und Testeinrichtungen für physikalische Experimente auf. Nach der Durchführung analysieren sie den Versuch, indem sie die Arbeitsabläufe und -ergebnisse genau dokumentieren und mathematisch begründen. Physiklaboranten/-innen arbeiten in physikalischen Labors, die es in fast allen industriellen Bereichen, wie z. B. in der Maschinenbauindustrie oder Luft- und Raumfahrttechnik, gibt. Wenn sie nicht mit den Verkehrsmitteln unterwegs sind, sitzen sie in einem Servicebüro.

1. Die Auszubildenden Ida und Amelie haben mit ihrem Ausbilder im Physiklabor folgenden Versuch durchgeführt.

a) Sieh dir die Abbildung und die beiden Tabellen an und beschreibe zunächst mündlich, was zu sehen ist. Formuliere eine Vermutung.

b) Schreibe mithilfe der Abbildungen und den Notizen im Kasten ein Versuchsprotokoll zur Fragestellung: Welcher Zusammenhang besteht zwischen der Gewichtskraft, die auf eine Schraubenfeder wirkt, und der Ausdehnung der Feder? Verwende alle Angaben und notiere in deinem Heft.

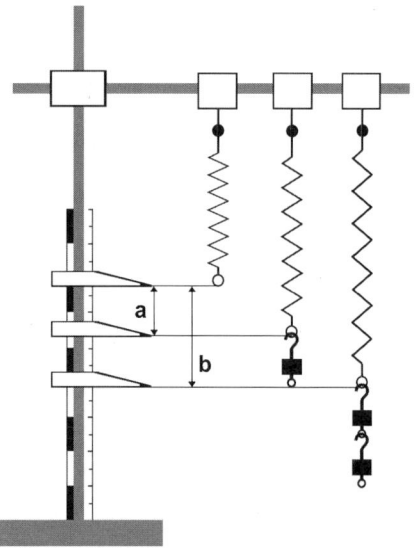

Masse in g	0	10	20	30	40
Ausdehnung der Feder in cm	0	5	10	15	20

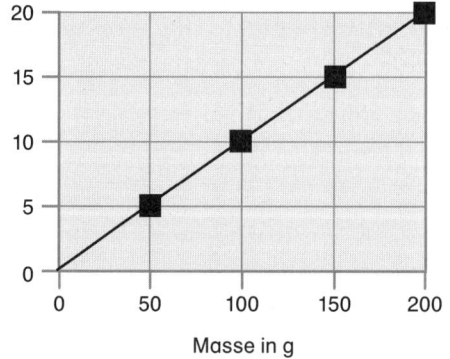

Massestücke	Stativmaterial	unbelastet	Messwerte	Ausdehnungen
verschiedene	messen	Schraubenfeder	Diagramm	verdoppeln
hängen	Tabelle	Ergebnis	verdreifachen	Strecken	Lineal	proportional

4.6 Versuchsprotokolle anfertigen (Physiklaborant/-in)

2. Für eine Physikstunde hat Elias das folgende Versuchsprotokoll geschrieben. Dabei hat er einige inhaltliche und formale Merkmale nicht berücksichtigt.

a) Markiere die inhaltlichen und formalen Fehler im Text.
b) Schreibe anschließend ein neues Protokoll für den Physikversuch in dein Heft.

Physikversuch in der letzten Stunde

Herr Larson verspätete sich und es blieben uns nur 40 Minuten für den folgenden Versuch. Er sagte, dass wir uns eine Lichtquelle mit Blende und einen halbrunden Glaskörper aus dem Materialschrank holen sollen und brüllte in die Schülerhorde, dass wir uns in dieser Stunde mit der Frage beschäftigen wollen, wie Licht an der Grenzfläche von Luft und Glas gebrochen wird. Dann sagte er noch, dass wir einen Winkelmesser benötigen. Unsere begriffsstutzige Paula fragt nach, ob er damit ein Geodreieck meint. Herr Larson rollte nur mit den Augen. Dann ging's auch schon los. Die Lichtquelle wird eingeschaltet. Der Lichtstrahl trifft auf einen Glaskörper. An der Grenzfläche wird der Lichtstrahl gebrochen. Für verschiedene Winkel werden der Einfallswinkel und der Brechungswinkel gemessen. Während des Versuchs hat Herr Larson immer wieder was von einem Lot erzählt. Ich notierte lieber die Messwerte in der Tabelle und schrieb als Beobachtung auf, dass der eine Winkel immer kleiner als der andere ist. Allerdings verdoppelt sich der eine Winkel nicht, wenn sich der andere verdoppelt. Und dann sollten wir noch als Hausaufgabe die Messwerte in ein Diagramm übertragen. Habe ich gemacht und festgestellt, dass meine Vermutung stimmt: Das Licht wird gebrochen.

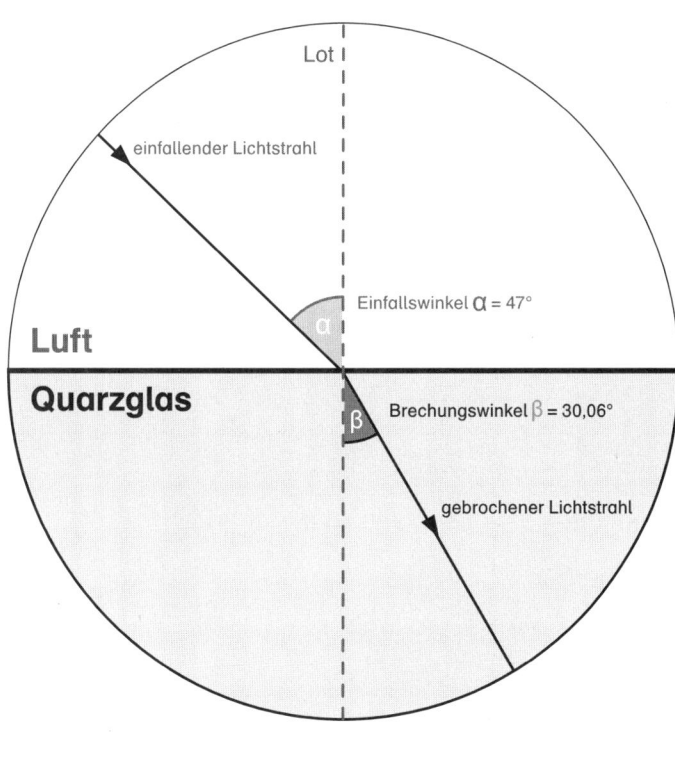

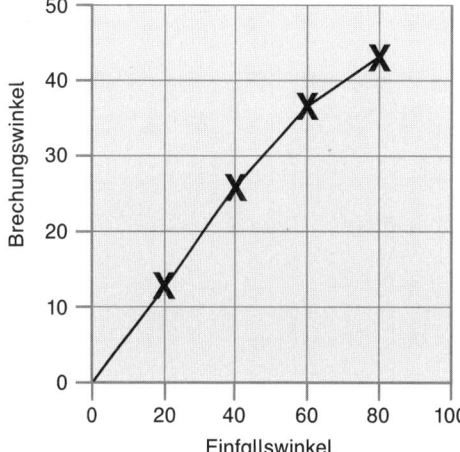

α	0°	20°	40°	60°	80°
β	0°	13,6°	26,1°	36,4°	42,4°

Textproduktion

4.6 Versuchsprotokolle anfertigen (Physiklaborant/-in)

3. a) Führe folgenden Versuch anhand der Bilder selbst durch und fertige ein entsprechendes Protokoll an. Formuliere vor dem Versuch deine Vermutung.

Versuch: Volumenänderung von Luft

<u>Frage:</u> Ändert sich das Volumen von Luft bei Erwärmung bzw. Abkühlung?

<u>Materialien, Geräte:</u> Luftballon, Glasflasche, heißes und kaltes Wasser, Topf, Herdplatte, evtl. Eis

b) Verfasse ein Protokoll über eine Unterrichtsstunde. Wähle dir eine Stunde und einen Versuch aus dem Physik-, Biologie- oder Chemieunterricht aus.

4.7 Angebote erstellen (Immobilienkaufmann/-frau)

Was macht eigentlich ein Immobilienkaufmann/eine Immobilienkauffrau?

Um geeignete Käufer oder Mieter für Immobilien (Haus, Wohnung, Grundstücke oder Bürogebäude) zu finden, müssen Immobilienkaufleute ihre Objekte zunächst der Öffentlichkeit zugänglich machen, sprich sie bewerben. Hierfür erstellen sie schriftliche Immobilienangebote, Kauf- und Mietanzeigen (Exposés), die sie durch Aushänge veröffentlichen oder auf Immobilienportalen online stellen. Diese Angebote sind die Grundlage jeder Besichtigung und jedes Verkaufs- oder Beratungsgesprächs. Für eine fachgerechte Beratung müssen sich Immobilienkaufleute auch in den Bereichen Grundstücks-, Bau-, Miet-, Steuer- und Bauvertragsrecht auskennen.

1. Familie Voss möchte ihr Haus verkaufen. Bei dem Besichtigungstermin hat sich die Immobilienkauffrau Maike Bauer einige Stichpunkte notiert.

a) Erstelle ein Exposé (eine Hausbeschreibung). Ordne dafür die folgenden Stichpunkte einem der vier Bereiche zu: Objekt/Immobilie – Ausstattung – Lage – Sonstiges.

Feldrandlage   gute infrastrukturelle Umgebung
tierhaarfrei   1 Garage   Nichtraucherhaushalt   bezugsfrei ab April 2019
Grundstück 940 m²   Baujahr 1983   ideal für Kinder
(Arztzentrum, Kindergärten, Grundschule, Einkaufsmöglichkeiten)
unverbauter Blick ins Grüne/Wald   Süd-Balkon und Süd-Terrasse
gehoben   Kaufpreis 400 000 €   Wfl. 230 m²   EFH
gepflegter Garten mit Teich und Gartenhaus
freistehend   Sauna   (Bahnhof, Autobahn)   Sackgasse
Tageslichtbäder   verkehrsgünstig   Doppelgarage   verkehrsberuhigt
8 Zimmer   offene Küche mit Kochinsel   Sanierung 2014
vollausgestattet mit hochwertigen Küchengeräten
offener Kamin im Wohnzimmer   2 Etagen   Eichenparkettböden
(4 Schlafzimmer, 2 Bäder, 1 Gäste-WC, 1 Wohnküche)   Keller

b) Beschreibe das Haus von Familie Voss mithilfe deines erstellten Exposés. Notiere in deinem Heft.

Textproduktion

4.7 Angebote erstellen (Immobilienkaufmann/-frau)

c) In der „Immobiliensprache" werden Fachausdrücke und auch Wortbeschönigungen (Euphemismen) verwendet. Schlage in einem Wörterbuch die folgenden Wörter nach und ordne passende Fachausdrücke oder Euphemismen zu. Die Anfangsbuchstaben helfen dir, die richtigen Ausdrücke zu finden. Schreibe in dein Heft.

- Müllhalde (E...)
- Hausmeister (F...)
- billig (p...)
- Schuldner (K...)
- schlecht (s...)
- abreißen (z...)
- teuer (k.../h...)
- Urlaub zu Hause (B...)
- Altersheim (S...)
- Wohnung/Wohnhaus (D.../O...)
- baufällig (s...)
- Grundbesitz (I...)
- pleite (i...)

2. Nach seinem Abschluss möchte Dan in die Nähe der Berufsschule ziehen. Er sucht eine Wohnung. Dabei hat er festgestellt, dass er eine Menge Abkürzungen kennen muss.

a) Notiere in deinem Heft, was die folgenden Abkürzungen bedeuten.

NK DT AB m. F. KDB WaMa
Hat. Wfl. EBK BaWa S-Balk. MFH

b) Schreibe die Abkürzungen für die folgenden Begriffe in dein Heft.

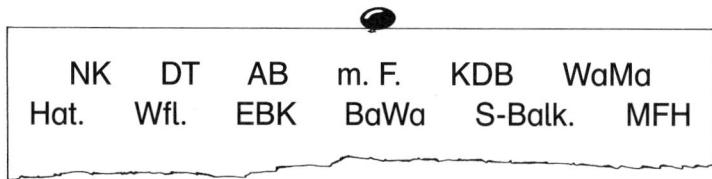

Obergeschoss Erstbezug Monatsmiete Etagenheizung Vorratsraum Neubau

c) Erläutere, was mit den Abkürzungen KM und WM gemeint ist. Gehe auf die beiden Begriffe im Unterschied zueinander ein. Schreibe in dein Heft.
d) Erkläre in deinem Heft, was eine Wohngemeinschaft (WG) ist.
e) Schreibe in dein Heft, wofür die Abkürzung WBS steht.
f) Übersetze die vier Wohnungsanzeigen. Schreibe in dein Heft.

① Grünhausen. Schöne 3 Zi-Whg. in MFH, NR, Bj. 1990, ca. 75 m², mit neuer EBK und Balk., 500 € KM + 120 € NK.

② Knittelfeld. NB, DG-Whg., geschl. S-Balk., 70 m², Laminat, EBK, zentr. und ruhige L., 400 € KM + 110 € NK.

③ Rosenberg. EB, Whg. im 1. OG, zentr. L., Wfl. 70 m² ohne Balk., DB m. F., E.-Schr., FBH und KoNi, 800 € WM.

④ Steinfelden. Kl. 2-Zi.-Wohnung mit EBK, 4. OG, 42 m² + Keller, KM 170 € + NK 100 €, WBS erforderl.

3. Manchmal wählt man bei der Wohnungssuche auch den umgekehrten Weg. Verfasse eine Wohnungsanzeige mit deinen Wünschen (Suche...). Verwende Abkürzungen. Notiere in deinem Heft.

4.8 Produkte bewerben (Mediengestalter/-in Digital und Print der Fachrichtung Konzeption und Visualisierung)

Was macht eigentlich ein Mediengestalter/eine Mediengestalterin Digital und Print der Fachrichtung Konzeption und Visualisierung?

Zeitschriften, Poster, Flyer, Prospekte, Internetseiten oder Videos – Mediengestalter/-innen Digital und Print erstellen für bestimmte Zielgruppen und nach Kundenwunsch aus Texten, Bildern und Grafiken Print- und Onlinemedien. Dafür benötigen sie neben jeder Menge Kreativität auch technisches Verständnis, da sie die Layouts und Textvorschläge am Computer erstellen. Mediengestalter/-innen Digital und Print arbeiten z. B. bei Verlagshäusern, Druckereien, Film- und Fernsehanstalten oder Werbeagenturen. In diesem Beruf kann man in der Ausbildung zwischen drei Fachrichtungen wählen: Beratung und Planung, Gestaltung und Technik, Konzeption und Visualisierung.

1. Herr Druckmann hat mit seinem vierköpfigen Team einen Kundenauftrag umzusetzen.

a) Das Produkt heißt Eiszauber. Hierbei handelt es sich um einen wiederverwendbaren Kühlakku, der in eine essbare Eiswaffel eingebaut werden kann. Entwirf zu folgendem Bild zwei passende Werbetexte. Berücksichtige dabei, was das Produkt kann. Schreibe in dein Heft.

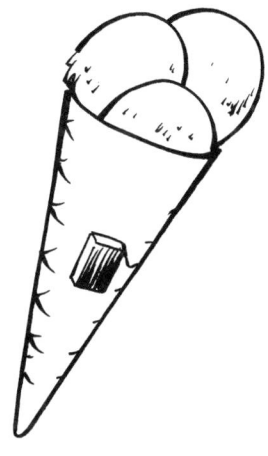

b) Diskutiert in der Klasse unter Berücksichtigung der AIDA-Formel, welcher Werbetext am besten geeignet ist.

AIDA-Formel: vierstufiges Werbewirkungsmodell

1. Stufe – Attention: Die Aufmerksamkeit des Kunden wird geweckt.
2. Stufe – Interest: Er zeigt Interesse am Produkt.
3. Stufe – Desire: Der Wunsch nach dem Produkt entsteht.
4. Stufe – Action: Der Kunde kauft das Produkt.

Textproduktion

4.8 Produkte bewerben (Mediengestalter/-in Digital und Print der Fachrichtung Konzeption und Visualisierung)

2. Die Auszubildenden Fabian und Maresa sollen folgende Werbeslogans sprachlich untersuchen.

a) Ordne die sieben Slogans in deinem Heft einem der sprachlichen Mittel (Alliteration, Reim, Fremdwörter, Ellipse, Rhetorische Frage, Wortneuschöpfung, Personifikation) zu.

① Come in and find out ② Freude am Fahren

③ 3…2…1…meins! ④ Sind Sie on? ⑤ Gute Reise. Gute Besserung.

⑥ Bei Technik-Fragen – Tech-Nick fragen ⑦ Die klügere Zahnbürste gibt nach.

b) Finde für jedes der genannten sprachlichen Mittel einen weiteren bekannten oder eigenen Werbeslogan. Schreibe in dein Heft.

3. Hanna hat von ihrem Lehrer folgende Arbeitsaufträge bekommen. Suche dir eine Werbeanzeige aus und untersuche sie jeweils mit den folgenden Fragen. Beantworte diese in deinem Heft und klebe die Werbeanzeige dazu.

1. Welches Produkt wird beworben?
2. Was sehe ich?
3. Was fühle ich?
4. Wie ist die Anzeige gestaltet (grafische Elemente, Anordnung von Text und Bild, …)?
5. Passt die Anzeige zum Produkt? Spricht sie dich an? Begründe deine Antwort.

4. Entwickelt gemeinsam ein Werbekonzept für ein Schulevent (Tag der offenen Tür, Theateraufführung der Theater-AG, Berufsmesse, Weihnachts- oder Osterbasar, …).

a) Überlegt euch zunächst, wie ein Plakat oder ein Flyer für dieses Event aussehen könnte und was bei der Umsetzung des Konzepts beachtet werden muss.

b) Sammelt eure Ideen und versucht, diese in Form eines Clusters oder einer Mindmap übersichtlich darzustellen. Verwendet ein weißes Papier im DIN-A3-Format.

5.1 Aktiv und Passiv (Verwaltungsfachangestellte/-r der Fachrichtung Kommunalverwaltung)

Was macht eigentlich ein Verwaltungsfachangestellter/eine Verwaltungsfachangestellte der Fachrichtung Kommunalverwaltung?

Verwaltungsfachangestellte in der Kommunalverwaltung übernehmen Büro- und Verwaltungsaufgaben, informieren Bürger über Rechtsgrundlagen und Gesetze, nehmen Bürgerbeschwerden auf, entwerfen aber auch Verwaltungsvorschriften und wirken an der Umsetzung von Beschlüssen mit. In diesem Beruf sind Kommunikation, gute Sprachkenntnisse und Textsicherheit wichtig, da verschiedene Schriftstücke wie z. B. Dokumente oder Protokolle nicht nur anzufertigen sind, sondern auch inhaltlich verstanden und erklärt werden müssen.

1. Die Verwaltungsfachangestellte Frau Flink arbeitet auf dem Ordnungsamt der Stadt Rosensteinbach. Unter anderem gehört es zu ihren Aufgaben, Beschwerden aus der Bevölkerung aufzunehmen, Ortsbegehungen durchzuführen und Fallberichte zu erstellen.

a) Frau Flink fertigt anhand der Bürgerbeschwerden einen Aktenbericht an. Da es nur Vermutungen über die Täter gibt und die Beschwerden anonym waren, muss sie den Bericht im Passiv verfassen. Schreibe ihn um.

Tulpenbeet im Stadtpark von Rosensteinbach zerstört

Spaziergänger Helmut Hopp rief am Morgen das Ordnungsamt an und meldete die Verwüstung des Tulpenbeets am Parkeingang. Holländische Landschaftsgärtner haben es für das 50-jährige Parkfest angelegt. Hundebesitzerin Frau Schäfer verdächtigt Jugendliche, die sie gestern Abend am Eingang gesehen hat. Sie haben zu lauter Musik getanzt, Alkohol getrunken und herumgegrölt. Parkgärtner Olaf Ziegel spricht auch von mehreren Verdächtigen, da er verschieden große Schuhabdrücke in der Erde gesehen hat. Er beklagte auch, dass die Täter viele Blumen willkürlich herausgerissen oder zertrampelt haben. Sie haben auch die Blütenblätter abgerupft, die sie dann über das Beet und die Grünflächen verstreut haben. Die Zeugen schätzen den Sachschaden auf 3 000 Euro. Das Ordnungsamt hat zusammen mit der Polizei die Ermittlungen aufgenommen.

---

b) Unterstreiche in deinem Bericht die Verbformen.

Grammatiktraining

5.1 Aktiv und Passiv (Verwaltungsfachangestellte/-r der Fachrichtung Kommunalverwaltung)

2. Kinem und Tassilo lernen für die nächste Deutscharbeit in der Berufsschule. Für die Aufgaben a und b legen sie eine zweispaltige Tabelle für Aktiv und Passiv an.

a) Bestimme die Handlungsform und übertrage die Sätze in die richtige Spalte.
b) Wandle die acht Sätze anschließend um: Aktivsätze in Passivsätze und umgekehrt.

1. Zwei Angestellte des Ordnungsamtes belehren den Hundebesitzer.
2. Ich schreibe den Bescheid.
3. Die Akten werden alphabetisch geordnet.
4. Gestern wurde die Straße zwischen den beiden Ortschaften gesperrt.
5. Tobias muss 35 Sozialstunden bei der Gemeinde ableisten.
6. Die Wahlergebnisse werden ausgewertet.
7. Herr Ordentlich nimmt im Bürgerbüro Anträge für den Personalausweis an.

3. Für die Anfertigung von Schriftstücken muss ein Verwaltungsfachangestellter die Verwendung des Passivs gut beherrschen.

a) Mit dem Passiv können zwei unterschiedliche Geschehensarten ausgedrückt werden: Vorgang/Handlung oder Zustand/Ergebnis. Bilde das Vorgangs- bzw. Zustandspassiv. Schreibe in dein Heft.

1. Das Grundstück wird verkauft. –> Zustandspassiv
2. Die Mülltonnen sind geleert. –> Vorgangspassiv
3. Die Akte wird bearbeitet. –> Zustandspassiv
4. Der Bürgersteig ist repariert. –> Vorgangspassiv
5. Die Einladungen werden verschickt. –> Zustandspassiv
6. Die E-Mails werden geschrieben. –> Zustandspassiv

b) Bilde entweder das Vorgangs- oder Zustandspassiv des Verbs für alle sechs Zeitformen (Präsens, Präteritum, Perfekt, Plusquamperfekt, Futur I und II). Vervollständige den Satz. Schreibe in dein Heft.

1. Vorgangspassiv von „zählen": Die Wählerstimmen …
2. Zustandspassiv von „abheften": Die Bescheide …
3. Vorgangspassiv von „besprechen": Das Projekt …
4. Zustandspassiv von „unterschreiben": Der Antrag …

5.2 Indirekte Rede (Justizfachangestellte/-r)

Was macht eigentlich ein Justizfachangestellter/eine Justizfachangestellte?

Justizfachangestellte arbeiten in sogenannten Servicebüros bei Gerichten oder Staatsanwaltschaften und sind die ersten Ansprechpartner für Bürger, denen sie Auskünfte über rechtliche Angelegenheiten, wie z. B. Zwangsvollstreckung, Ehe- und Familiensache, Strafprozess oder Betreuung, erteilen. Zudem fertigen sie Schriftstücke (u. a. Urteile) an, bearbeiten Anträge, gewähren Akteneinsicht und protokollieren Gerichtsverhandlungen.

1. Die Justizfachangestellte Marita Fuchs musste bei der Gerichtsverhandlung vor zwei Tagen das Protokoll schreiben. Es ging um folgenden Fall: Ein Kioskbesitzer verkaufte vorsätzlich Alkohol an Minderjährige – ein zwölf Jahre altes Mädchen erlitt eine Alkoholvergiftung.

a) Die wörtlich notierten Wortbeiträge muss sie nun in indirekte Rede setzen. Schreibe in dein Heft.

> **Darius (15 Jahre):** „Ich habe für meine Kumpels und mich schon oft am Parkkiosk Alkopops geholt."
>
> **Amelie (17 Jahre):** „Das ist bei Rainer`s Eck auch ganz einfach. Ich musste auch noch nie einen Ausweis zeigen, wenn ich zum Beispiel freitagabends eine Flasche Wodka gekauft habe."
>
> **Bob (13 Jahre):** „Herr Pollmann hat mir immer den Rotwein für meinen 75 Jahre alten Opa Heinz mitgegeben."
>
> **Eltern von Mädchen (12 Jahre):** „Ein solches Verhalten ist unverantwortlich. Sie gefährden nicht nur die Gesundheit unserer Tochter, sondern auch die von anderen Kindern und Jugendlichen. Wir werden dafür sorgen, dass Sie das zukünftig nicht mehr tun können."
>
> **Rainer Pollmann (Kioskbesitzer):** „In der heutigen Zeit muss man eben sehen, wo man bleibt. Der Verkauf von Alkohol und Zigaretten erzielt den meisten Gewinn und Jugendliche stellen die stärkste Kaufkraft dar. Außerdem liegt die Verantwortung und Aufsicht bei Ihnen als Eltern. Ich bin für die Erziehung Ihrer Tochter nicht verantwortlich. Sie haben sie aufzuklären."

b) Informiere dich im Jugendschutzgesetz über den Gesetzesverstoß und sprecht in der Klasse über den Fall.

c) Suche für die Redebegleitsätze noch andere Verben außer „sagen" und „fragen".

Grammatiktraining

5.2 Indirekte Rede (Justizfachangestellte/-r)

d) Wandle die fünf Sätze in indirekter Rede in wörtliche Äußerungen um. Schreibe in dein Heft.

① Der Rechtsanwalt meint, er bekäme erst morgen die Polizeiakte zugeschickt.

② Der Dieb befahl seinem Komplizen, er solle die Verkäuferin ablenken.

③ Jacky bat ihre getrennt lebenden Eltern, dass sie aufhören sollten zu streiten.

④ Der Polizist fragte den Gutachter, ob er das Unfallfahrzeug schon gesehen habe.

⑤ Ein Schüler hat mir gegenüber behauptet, dass er fast jede Woche einmal im Kaufhaus klauen gehe.

e) Entscheide, welcher der Sätze in indirekter Rede korrekt ist. Schreibe in dein Heft.

① Er behauptete: „Ich habe keine Schuld an dem Unfall!"
Er behauptete, dass er keine Schuld an dem Unfall habe.
Er behauptete, dass er keine Schuld an dem Unfall hätte.
Er behauptete, dass er keine Schuld an dem Unfall haben würde.

② Die Polizistin fragt: „Gibt es noch weitere Zeugenaussagen zum Unfallhergang?"
Die Polizistin fragt, ob es noch weitere Zeugenaussagen zum Unfallhergang gebe.
Die Polizistin fragt, ob es noch weitere Zeugenaussagen zum Unfallhergang gäbe.
Die Polizistin fragt, ob es noch weitere Zeugenaussagen zum Unfallhergang geben würde.

③ Der Zeuge meint: „Die Fahrsicherheit hängt entscheidend von dem Alter des Autofahrers ab."
Der Zeuge meint, die Fahrsicherheit würde entscheidend von dem Alter des Autofahrers abhängen.
Der Zeuge meint, die Fahrsicherheit hinge entscheidend von dem Alter des Autofahrers ab.
Der Zeuge meint, die Fahrsicherheit hänge entscheidend von dem Alter des Autofahrers ab.

2. Die Auszubildende Jannika hat im Deutschunterricht der Berufsschule folgende Aufgaben zu erledigen.

a) Bilde zu den Verbformen den Konjunktiv I. Beachte, dass zwei Verbformen im Konjunktiv II oder in der würde-Ersatzform stehen müssen. Schreibe in dein Heft.

du kommst	sie sitzen	wir sind	man weiß	du suchst
ihr fragt	du siehst	sie sagt	ich laufe	es kauft

5.2 Indirekte Rede (Justizfachangestellte/-r)

b) In der indirekten Rede werden drei Zeitstufen unterschieden: Gegenwart, Vergangenheit und Zukunft. Notiere in deinem Heft, in welcher Zeitform die indirekte Rede hier wiedergegeben wird.

① (___) Die Erpresserin meinte, dass sie mit dem Stick um 23.00 Uhr an der alten Schuhfabrik sein werde.

② (___) Kommissarin Erna Genau erklärte, dass der Verdächtige in der Nähe des Tatorts wohne.

③ (___) Eine Nachbarin behauptete, dass sie den Mieter schon öfters mal beim Rauchen vor der Scheune gesehen habe.

④ (___) Die Mutter beteuerte gegenüber der Schulleiterin, dass ihr Sohn zu Hause immer brav sei.

⑤ (___) Der Richter sagte zur Täterin, dass sie nach dem Prozess in ihr Heimatland zurückgeschickt werde.

⑥ (___) Eine Heiratsschwindlerin äußerte, dass sie noch nie in Bayern gelebt habe und mit dem Geschädigten nie zusammen gewesen sei.

c) Wenn man Träume, Wünsche oder irreale Bedingungen ausdrücken möchte, verwendet man den Konjunktiv II. Führe folgendes Gedankenspiel mit einem Partner durch.

Was wäre, wenn es keine Justiz mehr gäbe?

Schritt 1: Haltet zunächst eure Gedanken in einem Cluster fest.
Schritt 2: Verschriftlicht nun euer Gedankenspiel.
Schritt 3: Diskutiert in der Klasse über die Fragestellung.

Grammatiktraining

6.1 Rechtschreibfehler korrigieren (Restaurantfachmann/-frau)

Was macht eigentlich ein Restaurantfachmann/eine Restaurantfachfrau?

Zu den wichtigsten Aufgaben von Restaurantfachleuten gehören das Informieren des Gastes, gelegentlich auch in einer Fremdsprache, über das Speisen- und Getränkeangebot sowie das Servieren der gewählten Menüs mit den passenden Getränken. Einen guten Service macht nicht nur ein freundlicher Umgangston aus, sondern auch das Schaffen einer Wohlfühlatmosphäre für den Gast. An der Auswahl und Gestaltung der Speise- und Menükarte arbeiten Restaurantfachleute ebenfalls maßgeblich mit. Schließlich sprechen sie den Gästen auch Empfehlungen aus.

1. Die Restaurantfachfrau Frau Genau hat Azubi Felix aufgetragen, die neue Speisekarte zu entwerfen. Dabei sind ihm einige Fehler unterlaufen.

a) Unterstreiche die Fehler.

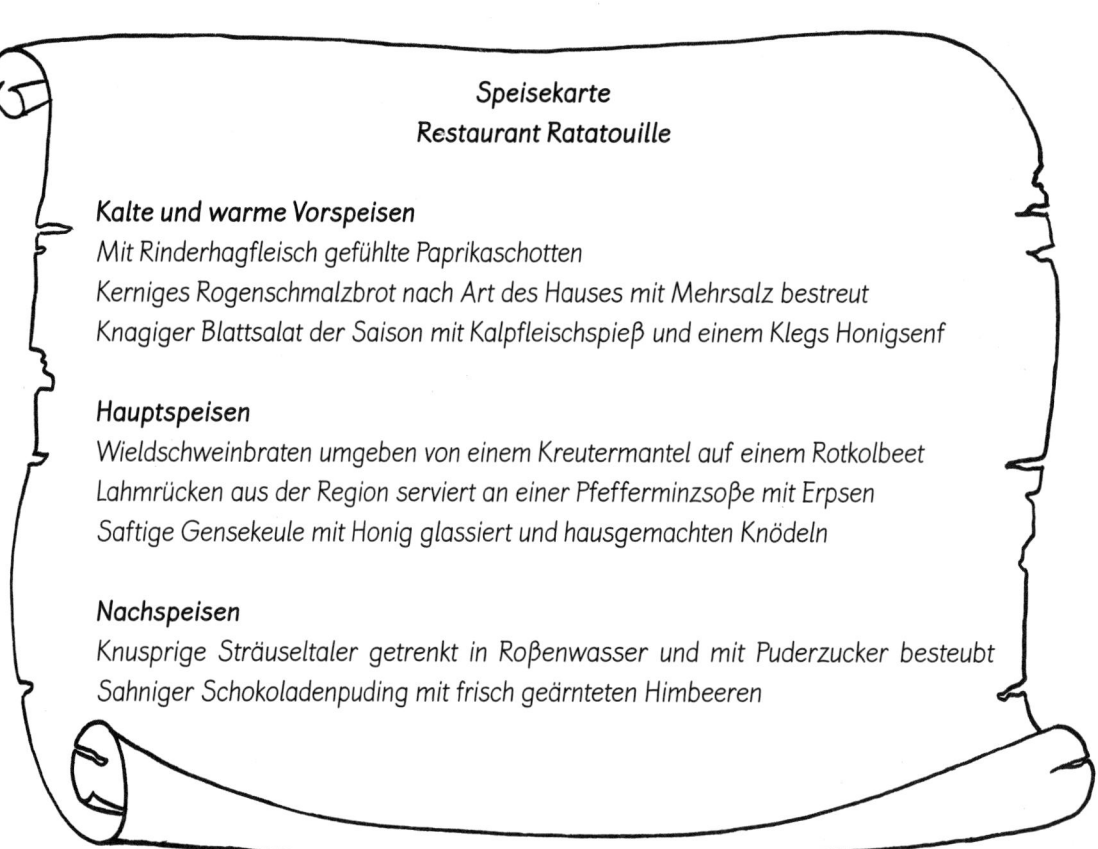

Speisekarte
Restaurant Ratatouille

Kalte und warme Vorspeisen
Mit Rinderhagfleisch gefühlte Paprikaschotten
Kerniges Rogenschmalzbrot nach Art des Hauses mit Mehrsalz bestreut
Knagiger Blattsalat der Saison mit Kalpfleischspieß und einem Klegs Honigsenf

Hauptspeisen
Wieldschweinbraten umgeben von einem Kreutermantel auf einem Rotkolbeet
Lahmrücken aus der Region serviert an einer Pfefferminzsoße mit Erpsen
Saftige Gensekeule mit Honig glassiert und hausgemachten Knödeln

Nachspeisen
Knusprige Sträuseltaler getrenkt in Roßenwasser und mit Puderzucker besteubt
Sahniger Schokoladenpuding mit frisch geärnteten Himbeeren

b) Führe in deinem Heft eine Fehleranalyse durch. Lege folgenden Fehlerbogen an:

| Fehlerwort | Fehlerart | Strategie zur Fehlervermeidung |

6.1 Rechtschreibfehler korrigieren (Restaurantfachmann/-frau)

2. Die Auszubildende Vicky soll die Angebotstafeln des Foodtrucks Ratatouille mit den Speisen beschriften. Dabei haben sich Rechtschreibfehler eingeschlichen. Schreibe die korrigierten Angebote in dein Heft.

Pannierter Hessicher Ziegenkäse mit Haus gemachter Breiselbeermamelade	Gereucherte Forelle mit Krocketten und Senfmayonnäse	Putenschnitsel Bioquallität mit Schips von der Roten Beete

Frische Pfannkuchen mit Zimmt und Apfelkompot	Bunter Gemüseauflauf mit Obergine, Paprika, Zuccini, Kirchtomaten, Brokoli und Oliven	Tagesemfehlung: Rinderfilee mit Kräuterdipp und Ofenkartoffel

3. a) Überlege, wie die Produkte heißen und aus welchem Land bzw. aus welcher Stadt oder Region sie stammen. Finde sinnvolle Herkunftsbezeichnungen. Lege dazu in deinem Heft eine zweispaltige Tabelle mit folgenden Angaben an: Ableitung auf -isch / Ableitung auf -er.

Allerlei	Tortilla	Lebkuchen	Salat	Bratwurst
Schnitzel	Käse	Marzipan	Knödel	Kirschtorte
Glasnudeln	Spätzle	Gulasch	Tee	Apfelwein

b) Suche jeweils fünf Herkunftsbezeichnungen auf die Ableitung -isch und -er. Sie müssen nicht aus dem Bereich Lebensmittel stammen. Schreibe in dein Heft.

Nachdenken über Sprache

6.2 Textkorrektur (Hotelkaufmann/-frau)

Was macht eigentlich ein Hotelkaufmann/eine Hotelkauffrau?

Hotelkaufleute sind die ersten Ansprechpersonen für die Gäste. Sie sind für deren Betreuung zuständig, angefangen von der Reservierung bis hin zur Abreise. Sie beantworten Fragen, erteilen Auskünfte, helfen bei der Beseitigung von Problemen und nehmen Wünsche sowie Reklamationen entgegen, die sie online, postalisch, telefonisch oder persönlich bearbeiten. Hotelkaufleute müssen nicht ausschließlich an der Rezeption tätig sein, sondern können z. B. bei Bedarf auch im Restaurantservice mitarbeiten.
Sie sind über alles informiert und sorgen für die Koordination zwischen den Hotelbereichen Rezeption, Restaurant, Küche und Lager.

1. Besmir macht eine Ausbildung zum Hotelkaufmann. Er hat von seiner Chefin den Auftrag bekommen, die Hotelbeschreibung für den Buchungskatalog und die Homepage zu aktualisieren. Dabei sind ihm Fehler in der Rechtschreibung, Grammatik und Zeichensetzung unterlaufen.

   a) Unterstreiche die Fehler im Text und notiere am Rand R, Z oder Gr.
   b) Ordne in deinem Heft die Fehler R, Z oder Gr zu. Notiere jeweils eine passende Strategie/Regel zur Fehlervermeidung in Klammern dahinter.
   c) Schreibe den Text richtig ab.

Hotelurlaub im grünen!

Wir liegen im Herzen des Baumtals auf 1 388 Metern. Die Fußgängerzone von Baumhausen mit Geschäften, Eisdielen und Restaurants, erreicht man in Zwei Gehminuten. Zu unseren Gästen zählen nur Familien mit Kindern die sich besonders wohlfühlen weil ihre Kleinen und Großen in der Natur spielen können. Für alle gestreßten Eltern gibt es viele ruhige Plätze, an denen man sich hervorragend erholen kann. Damit sie Zeit für sich selbst haben, bieten wir ihnen eine ausgezeichnete Kinderbetreuung an die immer ein vielfältiges Tagesprogramm an dem freiwillig teilgenommen werden kann, vorbereitet. Dass sieht für die Zeit ab ersten Mai folgendermaßen aus:
Eine Wanderung an den Talsee findet immer montags nach dem Frühstück, dass täglich zwischen 7.30 und 10.00 Uhr im Wintergarten angeboten wird, statt. Ist man hier einer der ersten, dann darf man sich sein Ei selbst aus dem Hühnerstall holen. Danach ist das nur jedem zehnten erlaubt. Am Nachmittag gibt es einen Mahlkurs der bei schlechtem Wetter in der alten Scheune ist. Dienstags und Donnerstags gibt es Tagsüber ab 11.15 Uhr sportliche Aktivitäten, u. a. Fußball, Minigolf, Bogenschießen oder Gymnastik.

Mit viel Spass beginnt für unsere kleinen Gäste auch der Mittwochmorgen. Es gibt kein entkommen vor unserem Clown Siggi, der schon seid Drei Jahren zu uns kommt. Schon im Flur vor dem Theatersaal hört man lautes lachen, kräftiges klatschen und stampfen mit den Füßen. Am späten Nachmittag fehrt dann unser Hotelbus zum 4 000 qm großen Dschungelbat, das ursprünglich ein Sägewerk wahr. Bevor am freitagmittag das Mittagessen auf dem Tisch steht, werden dafür Wildkreuter und andere eßbare Zutaten im Wald und auf den Wiesen gesammelt. Am Abend erleben ihre Kinder viel spannendes und bestimmt auch gruseliges denn es gibt eine zweistündige Fackelwanderung mit Lagerfeuer. Am Samstag und Sonntag sind sie wider gefordert, denn dass sind unsere Familientage.

Entdecken Sie für sich und Ihre Kinder unser Hotel! Wir freuen uns auf Ihren Besuch.

Das Team des Hotels Nachteule

6.2 Textkorrektur (Hotelkaufmann/-frau)

2. In Hotels, Pensionen und Jugendherbergen gibt es eine Hausordnung, an die sich der Gast halten muss.

a) Formuliere die drei Verbote/Regeln um, indem du die Verben nominalisierst. Schreibe in dein Heft.

> ① Die Hotelgäste dürfen die abgesperrte Rasenfläche nicht betreten.
> ② In den Schiffskabinen dürfen die Passagiere nicht rauchen.
> ③ Wird das Hotelzimmer verlassen, dann ist der Gast verpflichtet, alle Fenster und die Balkon- bzw. Terrassentür zu schließen.

b) Ergänze weitere Verbote/Regeln, die in der Hausordnung einer Unterkunft vorkommen können. Verwende die Verben „springen, tragen, mitnehmen, entsorgen" und nominalisiere sie.

c) Unterstreiche in deinem Heft alle Nominalisierungen mit dem Signalwort.

3. In folgendem Text, der aus einem Reiseprospekt stammt, sind alle Nominalisierungen kleingeschrieben.

a) Unterstreiche alle Verben und Adjektive, die im Text großzuschreiben sind, mit ihrem dazugehörigen Signalwort.

b) Die vielen Nominalisierungen führen dazu, dass der Text sprachlich nicht sehr schön klingt. Formuliere dafür einige Sätze so um, dass aus den Nominalisierungen wieder Verben und Adjektive werden. Schreibe den neuen Text in dein Heft.

> **Warum in die Ferne schweifen, wenn das schöne doch so nah ist?**
>
> Sie sehnen sich nach einem Urlaub in der Südsee? Doch das reisen mit Schiff oder Flugzeug ist trotz jahrelangem sparen nicht möglich? Dann haben wir hier etwas einmaliges für Sie: Tropical-Bus-Tours. Es gibt nichts verrückteres, als dass die Karibik morgens, pünktlich zum Frühstück, bei Ihnen an der Tür klingelt. Bereits beim öffnen der Haustür sorgt der Anblick unserer Busse für ein stocken des Atems und ein aufreißen der Augen.
>
> Unsere zweistöckigen Reiseträume bieten allerhand außergewöhnliches: eine Strandbar, feinen Sand, einen Whirlpool, eine Sauna. Und das beste daran: 24 Stunden gutes Wetter und tropisches Klima. Beim genießen Ihres leckeren Fruchtcocktails an der Strandbar lauschen Sie karibischer Musik und freuen sich, dass sich etwas langersehntes erfüllt. Sie erwartet viel spannendes und abwechslungsreiches, sei es beim feiern, tanzen oder relaxen. Wer vom essen und trinken genug hat, der legt sich in eine Hängematte und entspannt.
>
> Langeweile dürfte bei diesem Angebot nicht aufkommen. Auch wochenlange Reisevorbereitungen, wie stundenlanges packen, fällt weg. Sie müssen also fast nichts tun. Das einzige, was Sie wirklich machen müssen, ist einsteigen und genießen.

Nachdenken über Sprache

6.3 Fremdwörter verstehen und verwenden (Konditor/-in)

Was macht eigentlich ein Konditor/eine Konditorin?

„Zuckerbäcker/-innen" – so werden Konditoren und Konditorinnen oft genannt. Denn sie stellen Torten, Kuchen, Feingebäck, Eis oder Pasteten her, für die sie hauptsächlich süße, zuckerhaltige Zutaten, wie Schokolade, Marzipan oder Nougat, verwenden. Aber auch Herzhaftes und Salziges, z. B. Fleisch oder Käse, finden sich in mancher Leckerei wieder. Es gibt auch Kombinationen, wie Basilikumeis oder Leberwurstpralinen. Neben handwerklichem Geschick und Kreativität dürfen einem Konditor/einer Konditorin Fachbegriffe, wie z. B. Karamellisieren oder Kandieren, nicht fremd sein. Ob Konditorei, Confiserie, Café oder Patisserie, ein Konditor/eine Konditorin nutzt am Arbeitsplatz eine eigene Fachsprache.

1. Konditormeister Hans Fischer testet regelmäßig seine Auszubildenden, indem er ihnen Arbeitsschritte beschreibt oder vorführt und sie ihm den Fachausdruck nennen müssen.

a) Schreibe das richtige Fremd-/Fachwort mit der genannten Erklärung in dein Heft.

① „Wenn ich Zucker erhitze und zum Schmelzen bringe, nenne ich diesen Vorgang _____."

dressieren karamellisieren gratinieren

② „Wenn ich Flüssigkeiten schonend auf eine bestimmte Temperatur erwärme oder abkühlen lasse, nenne ich diesen Vorgang _____."

aprikotieren kandieren temperieren

③ „Wenn ich auf Torten z. B. Sahnetupfen, Marzipan- oder Zuckerfiguren an bestimmten Stellen platziere, nenne ich diesen Vorgang _____."

farcieren gelieren garnieren

④ „Wenn ich ein Lebensmittel kurz mit kochendem Wasser überbrühe, nenne ich diesen Vorgang _____."

blanchieren tranchieren filtrieren

⑤ „Wenn ich z. B. eine Sacher Torte mit Schokolade überziehe, nenne ich diesen Vorgang _____."

panieren glasieren passieren

6.3 Fremdwörter verstehen und verwenden (Konditor/-in)

b) Schlage die nicht zugeordneten Wörter in einem Wörterbuch nach und notiere sie mit ihrer Erklärung in deinem Heft. Versuche, bei der Erklärung eigene Beispiele und Umschreibungen zu wählen.

c) Unterstreiche alle Fremdwörter, die nicht zur „Konditorsprache" gehören.

2. Auch in der Alltagssprache verwenden wir viele Fremdwörter, die uns aber nicht mehr fremd erscheinen.

a) Finde die zehn Fremdwörter (Nomen). Setze die richtigen Wortbausteine aus dem Kasten zusammen und notiere sie in deinem Heft.

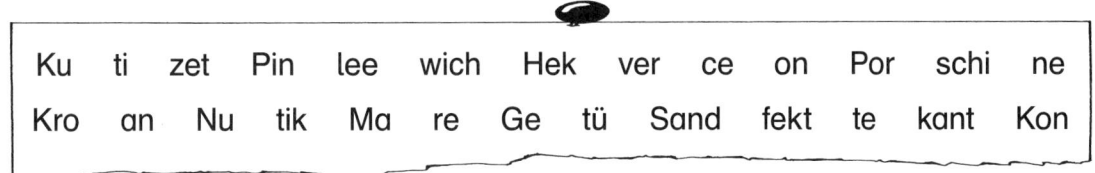

| Ku | ti | zet | Pin | lee | wich | Hek | ver | ce | on | Por | schi | ne |
| Kro | an | Nu | tik | Ma | re | Ge | tü | Sand | fekt | te | kant | Kon |

b) Schlage nun in einem Wörterbuch ihre Bedeutung und sprachliche Herkunft nach. Notiere wieder in deinem Heft.

3. Auch Fremdwörter lassen sich verschiedenen Wortarten zuordnen.

a) Lege in deinem Heft folgende Tabelle an. Ordne die Wörter aus dem Kasten zu und ergänze die fehlenden Wortarten.

Nomen	Verben	Adjektive

Gelatine, produktiv, Zentrum, dekorieren, präzise

b) Welche Fremdwörter fallen dir ein? Notiere fünf in deiner Tabelle im Heft. Sie müssen nicht aus dem Konditorhandwerk stammen.
<u>Hinweis:</u> Fremdwörter enden oft auf -ie, -tion, -ieren, -ell oder -iv.

4. Wie wird das Fremdwort geschrieben? Entscheide dich für eine Schreibweise und notiere sie in deinem Heft. Kontrolliere deine Lösungen anschließend mithilfe des Wörterbuchs.

① Patiserie oder Patisserie oder Partisserie
② Baise oder Beser oder Baiser
③ Fondan oder Fondant oder Fondand
④ Dessert oder Desert oder Däsert
⑤ Apetit oder Appetitt oder Appetit
⑥ Delikatesse oder Delikatese oder Delicatesse

Nachdenken über Sprache

Lösungen

1.1 Interview (Tierwirt/-in der Fachrichtung Schäferei) — S. 5/6

1. a) und b) Individuelle Lösung (mögliche Fragen siehe Aufgabe 2b)

c) Mögliche Inhalte der Berufsbeschreibung:
Tierzucht und -haltung, Produktion von Fleisch, Milch und Wolle – dies gehört zu den Haupttätigkeiten eines Tierwirts/einer Tierwirtin der Fachrichtung Schäferei. Zudem gehört auch die Ausbildung der Hütehunde zu den Aufgaben. Die meiste Arbeitszeit verbringen Schäfer/-innen in der freien Natur, aber auch sie müssen an den Schreibtisch. Da sie stets ihre Herde zu beobachten haben, dokumentieren sie z. B., wie sich der Tierbestand entwickelt, und erstellen Weidepläne. Durch die richtige Beweidung von Brach- oder Grünflächen wird ein großer Beitrag zur Landschaftspflege geleistet.

2. a–e) Individuelle Lösung

1.2 Rollengespräch/-spiel (Fachverkäufer/-in für Kosmetik und Körperpflege) — S. 7–9

1. a) Offene Aufgabe

b) Mögliche Lösung:

Fr. Engel: Guten Tag, wie kann ich Ihnen behilflich sein?

Kundin: Guten Tag, ich suche für meine Mutter zum Muttertag einen lang anhaltenden, günstigen Damenduft. Ich habe gesehen, dass auf den Testern verschiedene Abkürzungen wie EdT, EdP oder EdC stehen. Können Sie mir bitte den Unterschied erklären?

Fr. Engel: Das Eau de Toilette, das Eau de Parfum und das Eau de Cologne unterscheiden sich bezüglich ihrer Zusammensetzung. Beim Eau de Parfum ist mit ca. 9–14 % reinem Duftstoff der Anteil am Alkohol-Wasser-Gemisch am größten. Dieser Duft, der eher sparsam aufzutragen ist, hält am längsten auf der Haut, unter Umständen sogar einige Tage. Dies rechtfertigt auch den hohen Preis. Beim Eau de Toilette beträgt der Anteil ca. 6–9 % und die günstigste Variante stellt das Eau de Cologne mit ca. 3–5 % Konzentration reiner Essenzen dar.

Kundin: Meine Mutter trägt nur zu besonderen Anlässen einen Duft auf, beispielsweise, wenn sie abends in die Oper oder zum Tanztreff geht. Wozu würden Sie mir raten?

Fr. Engel: In diesem Fall würde ich Ihnen zu einem Eau de Toilette raten, da es den ganzen Abend hält und im mittleren Preissegment liegt.

Kundin: Beim Geruch würde ich gerne etwas Blumiges wählen. Was können Sie mir empfehlen?

Fr. Engel: Dieser Duft hier hat nur eine blumige Kopfnote, sodass ich Ihnen eher davon abraten würde. Ich würde Ihnen einen Duft mit der Herznote Rosen oder Jasmin empfehlen. Diesen hier könnte ich mir gut vorstellen. Seine Basisnote ist Vanille.

Kundin: Sie sprachen gerade von Kopf-, Basis- und Herznote. Was meinen Sie damit?

Fr. Engel: Es handelt sich hierbei um die Abstufung eines Duftes in Kopf-, Herz- und Basisnote. Die Kopfnote entfaltet sich sofort nach dem Aufsprühen und verflüchtigt sich nach ca. 15 bis 30 Minuten. Über mehrere Stunden wahrnehmbar und den Duft besonders prägend ist die Herznote. Diese entfaltet sich meist nach einer halben Stunde. Am längsten riecht die Basisnote.

Kundin: Jetzt verstehe ich auch, warum mir schon geraten wurde, Düfte erst einige Zeit auf der Haut zu tragen, bevor ich sie kaufe. Können Sie mir auch einen Tipp geben, auf welche Körperstellen Düfte am besten aufgetragen werden, damit sie sich gut entfalten und nicht so schnell verfliegen?

Fr. Engel: Tragen Sie den Duft auf Handgelenke, Nacken und Haare auf, dort entfaltet er sich besonders gut.

Kundin: Vielen herzlichen Dank für die kompetente Beratung und die tollen Tipps. Können Sie mir bitte diesen Duft als Geschenk verpacken?

Fr. Engel: Sehr gerne.

c) Offene Aufgabe

Lösungen

2. a) Guten Tag / Guten Morgen, kann ich Ihnen behilflich sein?
Möchten Sie die Bodylotion eingepackt haben?
Ich / Wir hätten da ein tolles Angebot für Sie.
Darf ich Ihnen etwas von der Handcreme auftragen?
Derzeit / Zurzeit / Leider / Momentan haben wir den Nagellack nicht vorrätig.
Haben Sie noch einen weiteren Wunsch?
Ich zeige Ihnen gerne, wie sie das Produkt auftragen.
Vielen herzlichen Dank / Danke / Ich / Wir danken Ihnen für Ihren Einkauf.

b) <u>Bild 1</u> (negative Wirkung): Die beiden Verkäuferinnen unterhalten sich und stehen mit dem Rücken zum Kunden. Der Kunde fühlt sich nicht willkommen, er wird unhöflich, ablehnend behandelt.
<u>Bild 2</u> (negative Wirkung): Der Kunde kann sich nicht zwischen den beiden Produkten entscheiden und überlegt. Der beratende Verkäufer wirkt durch seine verschränkten Arme und seine verdrehten Augen genervt, ungeduldig, verweigernd. Der Kunde fühlt sich nicht wertgeschätzt.
<u>Bild 3</u> (positive Wirkung): Der Verkäufer schaut den Kunden freundlich an, lächelt dabei und präsentiert das Produkt auf Augenhöhe. Der Kunde fühlt sich gut beraten, der Verkäufer hört ihm zu (Blickkontakt) und geht auf seinen Wunsch ein.

c) <u>Mimik</u>: Dilara sollte mit dem Kunden Blickkontakt halten, nicht auf die Uhr blicken, freundlich lächeln und nicht verärgert oder genervt schauen.
<u>Gestik</u>: Sie sollte gerade und aufmerksam, dem Kunden zugewandt, stehen, nicht die Hände an die Hüfte legen, nervös auf und ab gehen oder von einem Bein auf das andere treten. Sie sollte eine offene Körperhaltung wählen, nicht die Arme vor dem Körper verschränken und keine hektischen / schnellen Bewegungen machen.
<u>Stimme</u>: Dilara sollte eine angenehme Lautstärke und ein normales, ruhiges Sprechtempo wählen. Sie sollte nicht undeutlich sprechen und nicht wortkarg werden.

1.3 Telefonat (Servicefachkraft für Dialogmarketing m/w) S. 10/11

1. a) und b) Individuelle Lösung
   c) Lösungsvorschlag:
   – sich im Namen des Hauses entschuldigen
   – aufmerksam zuhören, auch wenn der Kunde viel Unwichtiges erzählt und seinen ganzen Ärger am Gesprächspartner auslässt
   – den Kunden und sein Anliegen ernst nehmen
   – persönliche und unsachliche Äußerungen ignorieren, sachlich bleiben
   – recht schnell eine Lösung finden
   – freundliche Geste anbieten, z. B. Rabatt, Gutschein, Versandkosten übernehmen
   – sich freundlich verabschieden

2. ① Nicht essen und trinken.
   ② In einer ruhigen Umgebung telefonieren.
   ③ Keine anderen Tätigkeiten nebenbei ausführen, z. B. Fingernägel lackieren.
   ④ Gut gelaunt / nicht wütend telefonieren.
   ⑤ Ausgeschlafen sein.
   ⑥ Zuhören, was der Gesprächspartner sagt, nicht an etwas Anderes denken.

Lösungen

3. a) Lösungsvorschlag:
- sich mit vollständigem Namen melden
- sein Anliegen genau schildern (Zeitraum des Praktikums nennen)
- sich vor dem Telefonat Fragen notieren
- Lebenslauf, Stärken, Schwächen nennen können
- keine Umgangssprache verwenden
- weiteres Vorgehen vereinbaren (persönliches Vorstellen, schriftliche Bewerbung, Probearbeiten)
- höfliche und förmliche Anrede und Verabschiedung

b) Individuelle Lösung

c) Individuelle Lösung

1.4 Sinngestaltendes Sprechen und Lesen (Atem-, Sprech- und Stimmlehrer/-in) S. 12–14

1. a) Offene Aufgabe
b) Individuelle Lösung
c) Im zweiten Satz.

2. a, b, c) Individuelle Lösung

3. a) Jambus (x x́), Trochäus (x́ x), Daktylus (x́ x x), Anapäst (x x x́)
b) Das Metrum der zweiten Strophe des Gedichts „Der Panther" ist der Jambus. Das Metrum der ersten Strophe des Gedichts „Städter" ist der Trochäus.

4. a) und b) Individuelle Lösung

2.1 Einen Vortrag halten (Diätassistent/-in) S. 15–17

1. a) Mögliche Lösung:
- gesundes Frühstück: selbstgemachtes Müsli aus Fünf-Kornflocken, kleingehackten Trockenfrüchten, Milch, Joghurt oder Kefir; dazu Früchtetee und frisches Obst; alternativ: Vollkornbrot mit wenig Butter, gekochtem Schinken und Käse, dazu frisches Gemüse und Früchtetee
- gesundes Pausenbrot: Vollkornbrot, etwas Butter, Schinken oder Putenwurst, Käse, Salatblätter, dünne Radieschen- oder Gurkenscheiben; dazu einen Apfel, eine Banane oder ein paar Walnüsse und eine Flasche Mineralwasser
- Kohlenhydrate, Vitamine, Mineralstoffe, Calcium, Eiweiß
- wenig Süßigkeiten

b) Mögliche Lösung:
- Basis: ungesüßte Getränke, v. a. Wasser, täglich mindestens 1,5 l
- zweite und dritte Ebene: pflanzliche Lebensmittel, d. h. fünf Portionen Gemüse bzw. Obst; Getreide, Brot, Nudeln, Reis, Kartoffeln mehrmals täglich
- vierte Ebene: tierische Lebensmittel, d. h. täglich Milch und Milchprodukte, pro Woche maximal zwei Portionen fettarmes Fleisch; Fisch, Wurst, Eier
- fünfte Ebene: wenig Öle, Fette
- Pyramidenspitze: sparsam mit Süßigkeiten, Snacks, Alkohol

2. Handout, Vortrags, Stichpunkte, Überblick, recherchieren, Anfang, Notizen, Ende, Zuhören, roten Faden, gegliedert, Inhaltsverzeichnis, Kopfzeile, Hauptteil, Literaturangaben, informativ, Inhalte

Lösungen

3. a) – Max isst zu viel Fett, Kohlenhydrate und Zucker.
   Tipp: mehr Eiweiß und Gemüse/Obst, wenig Zucker/Kohlenhydrate mit verstecktem Zucker essen
   – Er hat zu wenig Bewegung.
   Tipp: mehr Sport machen, wieder mit dem Fahrrad fahren
   – Er übergeht sein Hungergefühl und isst unregelmäßig.
   Tipp: frühstücken und geregelte Essenszeiten einhalten
   – Er wählt zu große Essensportionen.
   Tipp: fünf kleine/normale Portionen über den Tag verteilt, z. B. mehr kalorienarme Speisen wählen statt fett- und zuckerhaltige
   – Er isst abends warm, zu spät und zu viel.
   Tipp: abends nicht immer eine warme Mahlzeit, eine frühere Uhrzeit wählen, sodass man sich anschließend noch ein bisschen bewegen kann

   b) Herz-Kreislauf-Erkrankungen, Karies, Hautprobleme (Pickel, Allergien), Diabetes mellitus (Zuckerkrankheit), Essstörungen aller Art

   c) BMI steht für Body-Mass-Index. An dem für jede Person individuell errechneten Wert lässt sich erkennen, ob das Körpergewicht entsprechend dem Alter, der Körpergröße und dem Geschlecht als normal, unter- oder übergewichtig eingestuft wird.

4. a) Kohlenhydrate, Fett, Eiweiß, Wasser, Vitamine, Mineralstoffe
   b) Fette und Kohlenhydrate
   c) Vitamine und Mineralstoffe

2.2 Informationen auswählen und aufbereiten (Fachangestellte/-r für Medien- und Informationsdienste der Fachrichtung Information und Dokumentation)   S. 18–21

1. Individuelle Lösung; wichtige Balladen: Herr von Ribbeck, John Maynard, Die Brück' am Tay, Gorm Grymme

2. a) Mögliche Lösung: Internet, Bücher (Stadtarchiv, Schulbibliothek, öffentliche Bibliotheken, ...), Zeitungen, Zeitschriften, Expertenbefragung (z. B. Behörden, Vereine, Bekannte, Unternehmen, ...), Foren (Diskussionsgruppen)
   b) Mögliche Lösung: google, altavista, lycos, yahoo
   c) Ballade: „John Maynard" (Theodor Fontane)
   Der Zugwind wächst, doch die Qualmwolke steht,
   Der Kapitän nach dem Steuer späht,
   Er sieht nicht mehr seinen Steuermann,
   Aber durchs Sprachrohr fragt er an:
   „Noch da, John Maynard?"
   „Ja, Herr. Ich bin."

   Ballade: „Nis Randers" (Otto Ernst)
   Mit feurigen Geißeln peitscht das Meer
   Die menschenfressenden Rosse daher;
   Sie schnauben und schäumen.

3. a) Offene Aufgabe
   b) 1. Der Junge heißt Kossivi und ist 13 Jahre alt.
   2. Die Geschichte spielt in Griechenland, am Mittelmeer.
   3. Der Vater ist von Beruf Schwammtaucher.
   4. Der Beruf des Schwammtauchers ist gefährlich, da man in extremen Tiefen taucht und Gefahr läuft, die Taucherkrankheit zu bekommen.

Lösungen

   5. Die Taucherkrankheit bekommt man durch zu schnelles Auftauchen aus den Meerestiefen. Stickstoffblasen gelangen dann in Blut und Gewebe, was dazu führt, dass Durchblutungsstörungen auftreten und Gewebe durch den Gasdruck zerstört wird. Dies kann auch tödlich enden. Erleidet ein Taucher diese Krankheit, muss er innerhalb von 24 Stunden in einer Dekompressionskammer behandelt werden.
   6. Wenn die Schwämme aus dem Wasser kommen, sind sie dunkelgrau bis schwarz. Sie werden zunächst in der Sonne getrocknet, so bekommen sie ihre gelbe oder hellbraune Farbe. Anschließend werden durch Kneten und Waschen die Weichteile entfernt. Zum Schluss werden sie gebleicht, sodass sie ihre gelbe Farbe erhalten.

c) Mögliche Lösung:
- Die Inhaltsangabe wird im Präsens verfasst. Geschehnisse, die vor der eigentlichen Handlung stattgefunden haben, stehen im Perfekt.
- Die Sätze sollen sinnvoll miteinander verbunden werden. Hierfür eignen sich Konjunktionen wie z. B. zunächst, anschließend, danach, …
- Die Sprache der Inhaltsangabe ist sachlich (objektiv).
- Persönliche Gefühle, Meinungen und Wertungen dürfen nicht wiedergegeben werden.
- Es darf keine Spannung aufgebaut werden. Anschauliche Ausdrücke oder beschreibende Wortarten wie Adjektive müssen vermieden werden.
- Stil und Wortwahl der Textgrundlage dürfen nicht übernommen werden.
- Die direkte Rede muss durch indirekte Rede ersetzt werden.

d) Mögliche Lösung:
In der Kalendergeschichte „Der Barbierjunge von Segringen" von Johann Peter Hebel geht es um einen Lehrjungen, der sowohl Mut als auch Verstand beweist, als er einem fremden Soldaten, der den Lehrjungen erstechen würde, wenn er ihn versehentlich schneide, den Bart rasiert.
Ein fremder Soldat kommt in ein Wirtshaus nach Segringen. Da er sich den Bart rasieren lassen möchte, holt der Wirt einen Barbier. Der Fremde erklärt dem Barbier, dass er ihn gut bezahlen werde, wenn er die Rasur zufriedenstellend mache und ihn nicht schneide. Schneide er ihn aber, werde er ihn erstechen. Aus Angst schickt der Barbier seinen Gesellen. Doch auch dieser traut sich die Rasur nicht zu und sendet den Lehrjungen. Dieser beweist Mut und rasiert den Fremden, ohne ihn zu verletzen. Wie vereinbart bezahlt der Fremde den Lehrjungen und macht ihm deutlich, dass er sein Verhalten mutig findet. Der Junge erklärt dem Soldaten, dass er ihm zuvorgekommen wäre und ihm die Kehle durchgeschnitten hätte, wenn er ihn verletzt hätte. Dem fremden Soldaten wird bewusst, in welch eine gefährliche Lage er sich bei der Rasur durch seine Drohung begeben hat. Er hat aus der Situation gelernt und will fortan keinem Barbier mehr drohen, ihn zu erstechen, wenn dieser ihn bei der Rasur schneidet. Dem Lehrjungen bezahlt der Fremde letztendlich für seinen Mut noch mehr Geld.

2.3 Tabellen und Diagramme lesen und verstehen (Beamter/Beamtin im mittleren Wetterdienst) S. 22–24

1. a) Folgende Aussagen sind richtig:
Der Januar hat die meisten Frosttage.
Von Januar bis Mai nehmen die Frosttage ab.
Die Durchschnittstemperatur nimmt von Mai bis Juli zu.
Von März bis Mai steigt die Durchschnittstemperatur am schnellsten an.
Die kältesten Monate sind Dezember, Januar und Februar.
Nach den Sommermonaten ist der Oktober der erste Frostmonat.
Im Dezember gibt es ungefähr 21 Frosttage.

b) Offene Aufgabe

c) <u>Monat Juli:</u>
Die Wetterstation Frankfurt/Flughafen misst eine durchschnittliche Höchsttemperatur von 26 °C.
Die Wetterstation Kleiner Feldberg misst eine durchschnittliche Höchsttemperatur von 20 °C.
Die Wetterstation Frankfurt/Flughafen misst eine durchschnittliche Tiefsttemperatur von 15 °C.
Die Wetterstation Kleiner Feldberg misst eine durchschnittliche Tiefsttemperatur von 13 °C.
Im Juli gibt es keine Frosttage.

Lösungen

Monat Dezember:
Die Wetterstation Frankfurt/Flughafen misst eine durchschnittliche Höchsttemperatur von 5 °C.
Die Wetterstation Kleiner Feldberg misst eine durchschnittliche Höchsttemperatur von 0 °C.
Die Wetterstation Frankfurt/Flughafen misst eine durchschnittliche Tiefsttemperatur von 0 °C.
Die Wetterstation Kleiner Feldberg misst eine durchschnittliche Tiefsttemperatur von -2 °C.
Die Wetterstation Frankfurt/Flughafen misst im Durchschnitt 12 Frosttage.
Die Wetterstation Kleiner Feldberg misst im Durchschnitt 21 Frosttage.

An der Wetterstation Frankfurt/Flughafen ist es, auf das ganze Jahr gesehen, wärmer als auf dem Kleinen Feldberg. Dies kann am Höhenunterschied, der 689 m beträgt, liegen.

2. a) und b) Der Monat mit den meisten Sonnenstunden ist der Juni. Er hat im Durchschnitt ca. 7,5 Sonnenstunden.
Die Monate von März bis einschließlich September haben mehr als vier Sonnenstunden.
Der niederschlagsreichste Monat ist der Juli.
Der Dezember hat mit durchschnittlich 11 Tagen die meisten Regentage.
Der trockenste Monat ist der März. Hier fallen im Durchschnitt ca. 38 Liter Regen pro Quadratmeter.
c) Anhand der drei Klimadiagramme wäre die beste Reisezeit von Mai bis September. Der wärmste Monat ist der Juni. Ansonsten gibt es über das Jahr keine extremen Klimaschwankungen. Wer im Freien ein Sonnenbad genießen möchte, der sollte seine Reise von Juni bis Ende August planen.

2.4 Die Bedeutung nichtsprachlicher Zeichen verstehen (Textilreiniger/-in) S. 25/26

1. a) Die Hose muss sie auf 30° waschen, darf sie nicht bleichen oder chemisch reinigen, kann sie bei niedriger Temperatur im Trockner trocknen und bei mittlerer Temperatur bügeln.
Das Sakko darf sie nicht mit der Hand oder Maschine waschen, nicht bleichen oder im Trockner trocknen, sondern nur mit Perchlorethylen reinigen und bei geringer Temperatur bügeln.
Den Pullover hat sie mit der Hand zu waschen, darf ihn nicht bleichen oder im Trockner trocknen, sondern nur bei geringer Temperatur bügeln und schonend mit Perchlorethylen reinigen.
   b) ① Augenkontakt vermeiden. Falls das Produkt in die Augen gelangt, diese gründlich mit Wasser ausspülen.
   ② Leicht entzündlich.
   ③ Ätzend. Dieser Stoff kann die Haut verätzen.

2. a) ① Schutzhandschuhe tragen
   ② Warnung vor giftigen Stoffen
   ③ Feuerlöscher
   b) <u>Warnschild (gelb):</u> ⑥ Vorsicht Rutschgefahr (Treppen, öffentliche Plätze wie Flughafen, Bahnhof, …), ⑦ Warnung vor Kälte (Kühlhaus Schlachtbetrieb)
   <u>Hinweis/Rettungsschild (grün):</u> ① Notausgang links (Schulgebäude, Treppenhaus), ⑤ Erste Hilfe (Verbandskasten Küche, Gastronomie), ⑨ Sammelstelle (öffentliche Bauwerke wie Museen, staatliche Institutionen wie Universitäten)
   <u>Verbotsschild (rot):</u> ③ Inliner fahren verboten (Bus, Geschäfte, Rolltreppe, …), ⑧ Zutritt für Unbefugte verboten (Tür Geschäftsleitung oder Personalbereich in einem Kaufhaus, Betrieb), ⑩ Kein Trinkwasser (öffentlicher Brunnen), ⑫ Fotografieren verboten (Museum)
   <u>Gebotsschild (blau):</u> ② Schutzschuhe tragen (Metallverarbeitungsbetrieb, Schreinerei), ④ Gehörschutz tragen (Flughafenarbeiter auf dem Rollfeld), ⑪ Für Behinderte (Parkplätze, Toiletten)
   c) Individuelle Lösung

Lösungen

3.1 Eine E-Mail verfassen (Kaufmann/-frau für Büromanagement) S. 27–30

1. a) Offene Aufgabe
b) Mögliche Lösung:

An: J.Kloss@Genusswelt.de (frei erfinden)
Cc: CarstenNadel@schick-seidenfaden.de
Betreff: Änderungen Büfettaufbau Schick AG am 15.03.2019

Sehr geehrter Herr Kloß,

die Schick AG hatte für Mittwoch, den 15.03.2019, bei Ihnen ein Büfett für 30 Personen bestellt. Leider muss ich Ihnen mitteilen, dass sich die Personenanzahl von 30 auf 25 reduziert hat. Bitte berücksichtigen Sie dies für Ihre weitere Planung! Darüber hinaus haben sich auch die Uhrzeit und die Räumlichkeiten geändert. Das Büfett wird erst um 13.00 Uhr eröffnet und soll nun im Foyer aufgebaut werden.

Vielen Dank für Ihr Verständnis. Bitte geben Sie mir eine kurze Rückmeldung! Bei Fragen können Sie sich gerne an mich wenden.

Mit freundlichen Grüßen

i. A. Isabella Zack

---

2. a) Individuelle Lösung
b) • Im Betreff muss der Ausbildungsberuf genannt werden, da manche Betriebe verschiedene Ausbildungsplätze zu vergeben haben.
• Am Datum und an der Uhrzeit kann man ablesen, dass sie eine Bewerbung auf den letzten Drücker verschickt.
• Es wird der Chef Herr Nadel und nicht die Personalleiterin Frau Filzer angeschrieben.
• Der Name Filzer wird in Flizer umgeändert.
• Nach der Anrede steht ein Komma, sodass klein weitergeschrieben werden muss.
• Anredepronomen immer großschreiben (Ihre, Sie).
• unschöne Wortwahl: glücklicherweise, entdeckt, nun
• „Vor sechs Wochen" und „im achten Schuljahr" ist ungenau, das Datum nennen.
• Den Namen des Softwareunternehmens angeben.
• ab „während der Arbeit" bis „immer aufgeräumt habe": inhaltlich ungenau ausgedrückt, keine Beispiele genannt, an denen sich die Fähigkeiten nachweisen lassen. Sprachliche Ausdrucksweise ist nachteilig, da der Eindruck entsteht, man führe Privatgespräche während der Arbeitszeit und lässt die eigentliche Arbeit liegen. Auch sollte keine Beurteilung der Persönlichkeit durch andere Personen in einer Bewerbung stehen („meine Mutter sagt mir immer …"). Die guten Rechtschreibkenntnisse sowie die Textsicherheit sind nicht gegeben.
• Bei der Bitte um eine Einladung sachlich bleiben und nicht die eigene Meinung („Mich würde es schwer begeistern, …") mit einbringen.
• Keinen Smiley oder andere Cliparts, Bilder etc. einfügen.
• Grundsätzlich im Bewerbungstext berufsbezogene Freizeitbeschäftigungen nennen und auch auf die gesuchten Fähigkeiten in der Stellenanzeige eingehen. Keine Aufzählung von den geforderten Fähigkeiten und Kenntnissen vornehmen.

Lösungen

3. a) Diese drei Aussagen sind richtig: 2, 4, 7.
b) Mögliche Lösung:
① In meiner Freizeit erweitere ich meine Computerkenntnisse im Umgang mit Programmen wie Word, Excel und PowerPoint.
② Über eine Einladung zum Vorstellungsgespräch oder zum Probearbeiten würde ich mich sehr freuen.
③ Ich bin verantwortungsbewusst. Beispielsweise passe ich jeden Freitagabend auf den vierjährigen Sohn unserer Nachbarn auf.
④ Über eine Einladung zum Vorstellungsgespräch würde ich mich sehr freuen.
⑤ Da ich ein zweiwöchiges Praktikum als Floristin absolviert habe, konnte ich bereits erste Erfahrungen in dem Berufsfeld sammeln.

3.2 Manuelles und digitales Nachschlagen (Buchhändler/-in) — S. 31–33

1. a) Walther von der Vogelweide (1170–1230, Mittelalter),
Friedrich Schiller (1759–1805, Sturm und Drang, Klassik),
Brüder Grimm (Jacob 1785–1863 und Wilhelm 1786–1859, Romantik),
Heinrich Heine (1797–1856, Restaurationszeit),
Eduard Mörike (1804–1875, Restaurationszeit),
Theodor Fontane (1819–1898, Realismus),
Erich Kästner (1899–1974, Literatur der Weimarer Republik),
Bernhard Schlink (geb. 1944, Gegenwart)

b) Person, die ein Buch geschrieben hat: Autor
Betrieb, der Bücher herstellt und verkauft: Verlag
Eine eindeutige Kennzeichnung von z. B. Büchern und Multimediaprodukten im Buchhandel mit einer internationalen Standardbuchnummer: ISBN
Ein ausgedachter Name, unter dem man Bücher oder Texte schreibt: Pseudonym
Hier werden alle, die am Inhalt und der Gestaltung eines Buches mitgewirkt haben, namentlich erwähnt: Impressum
Personen, die Texte oder Werke von Leuten vorbereiten und zu einem Buch zusammenstellen: Herausgeber

c) ISBN: 978-3-423-70144-0
Titel: Mit Jeans in die Steinzeit
Autor: Wolfgang Kuhn
Erscheinungsdatum: 01.08.1988
Auflage: 30. Auflage
Verlag: dtv
Altersempfehlung: 12–14
Preis: 7,95 €

ISBN: 978-3-423-07805-4
Titel: Behalt das Leben lieb
Autor: Jaap ter Haar
Erscheinungsdatum: 01.03.1980
Auflage: 33. Auflage
Verlag: dtv
Altersempfehlung: ab 14
Preis: 7,95 €

2. a) und b) Tisch „Kinderbücher": Ben liebt Anna, Wir pfeifen auf den Gurkenkönig, Pünktchen und Anton, Lotta zieht um, Pippi in Taka-Tuka-Land, Wir Kinder aus Bullerbü, Das fliegende Klassenzimmer
Tisch „Krimis": Mörder ahoi!, Vier Frauen und ein Mord, Die Tote in der Bibliothek, Mord im Pfarrhaus
Tisch „Essen und Trinken": Wildes Weihnachtsmenü, Orientalische Genussreise, Essbar, Fleischfrei kochen, Zum Wohl!, Grillen will gekonnt sein
Tisch „Garten": Mein grünes Paradies, Mediterrane Gartenträume, Obstbäume richtig schneiden, Grüne Wohnräume, Nutzgarten in der Großstadt
c) Nis Randers und Der Erlkönig sind Balladen und gehören zum Bereich Lyrik.
Mickey Maus, Fix und Foxi und Peanuts sind Comics.
Mit Yoga in den Tag und Trau(m)gewicht gehören in den Bereich Sport und Gesundheit.
Gelebte Demokratie gehört in den Bereich Politik.

3. a) und b) Individuelle Lösung

Lösungen

3.3 Ein Faxformular ausfüllen (Tourismuskaufmann/-frau)   S. 34–36

1. a) Mögliche Lösung:

An	Reisebüro Reisefieber GmbH
Rezeption	Waldgasse 45
Club Holiday***	13557 Wanderbachtal
Playa Murada	Tel: 098/556688
07400 Alcudia, Mallorca	Fax: 098/556687
Tel: 0034-5002244	www.Reisefieber-Thiele.de
Fax: 0034-5002243	Geschäftsführer: Bernhard Thiele
Geschäftsführung: José und Isabelle Perez	Amtsgericht Wanderbachtal HRB 0678

Datum: 05.08.2018

Seitenanzahl: 1

Betreff: Anfrage, Freies Appartement 3 Personen VP, vom 21.08. bis 28.08.2018

Sehr geehrte Damen und Herren,

im Auftrag meiner Kunden, Familie Schneider, frage ich bei Ihnen an, ob Ihr Hotel für die Zeit vom 21.08. bis 28.08.2018 ein Appartement für drei Personen frei hat.
Wenn ja, dann wäre ich Ihnen sehr dankbar, wenn Sie dieses für eine endgültige Buchung, die spätestens heute Abend erfolgt, ab sofort für das Reisebüro Reisefieber reservieren könnten. Ich würde dann umgehend mit den Kunden Rücksprache halten und Sie informieren.

Vielen Dank für Ihre Bemühungen.

Mit freundlichen Grüßen
Bernhard Tiehle

b) Familie Schneider kann sich den Urlaub leisten. Sie hat 2 117 € (909 € x 2 + 299 €) zu bezahlen. Da sie sehr kurzfristig bucht, erhält sie keinen Frühbucherrabatt.

Lösungen

2. a) Offene Aufgabe

b)

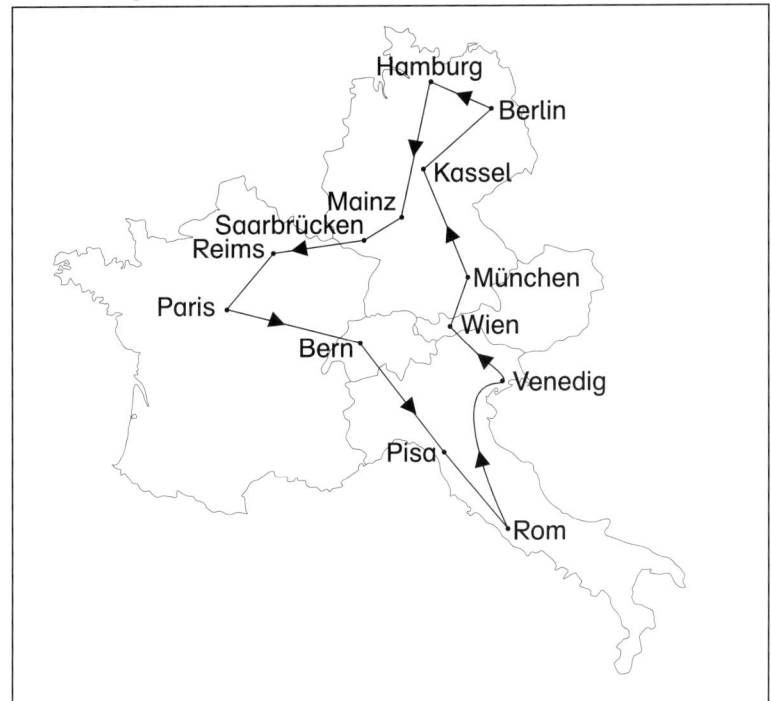

c) Mögliche Lösung:

Fax

Reisebüro Reisefieber GmbH
Waldgasse 45
13557 Wanderbachtal
Fax: 098/556687

Verein Reisefreunde WBT
Vorsitzender Herr Kurt Vogel
Fax: 098/443301

Datum: 10.09.2018
Seitenanzahl: 1
Betreff: Ihr Reiseangebot 15236 „Deuropa" vom 07.06.19 bis 21.06.19

Sehr geehrter Herr Thiele,

Ihr Angebot ist bei unseren Vereinsmitgliedern auf großes Interesse gestoßen. Bevor es zu einem Buchungsabschluss kommt, bin ich als Vereinsvorsitzender beauftragt worden, folgende Fragen zu klären.

Wenn nur insgesamt 50 Personen mitfahren, erhöht sich dann der Reisepreis? Sind im Reisepreis bereits die Eintrittsgelder für Sehenswürdigkeiten etc. enthalten? Welche Sehenswürdigkeiten werden auf der Reiseroute angeschaut? Wird auch in Saarbrücken und Innsbruck ein Zwischenstopp eingelegt? In welchen Unterkünften übernachten wir? Benötigt man außer dem Personalausweis noch ein weiteres Reisedokument (Reisepass)? Wie viele Gepäckstücke darf jeder Teilnehmer haben und wie schwer dürfen sie insgesamt sein?

Über eine Rückmeldung Ihrerseits würde ich mich sehr freuen. Vielen Dank für Ihre Bemühungen.

Mit freundlichen Grüßen
Kurt Vogel (Vereinsvorsitzender Reisefreunde WBT)

Lösungen

4.1 Berichten (Beamter/Beamtin im mittleren feuerwehrtechnischen Dienst) S. 37/38

1. a) Fettbrand in der Kantinenküche im Industriepark Fischbach
Am Donnerstagmittag, dem 13.09.2018, wurde um 12.13 Uhr in der Kantine des Industrieparks Fischbach der Hausalarm ausgelöst. In der Kantinenküche im 1. Stock brach ein Feuer aus. Die Feuerwehr musste 424 Firmenmitarbeiter und das zehnköpfige Küchenpersonal evakuieren. Brandursache war ein Fettbrand. Der Kochazubi erhitzte Öl in einer Bratpfanne. Da er mit seiner Freundin per Handy Sms schrieb, vergaß er, das Fleisch anzubraten. Das heiße Öl brannte und er versuchte, das Feuer mit Wasser zu löschen. Es gab eine Stichflamme. Die Feuerwehr setzte Kohlendioxid ein, um die Flammen zu ersticken. Der Kochazubi konnte aus der Küche gerettet werden. Er erlitt eine Rauchvergiftung und Verbrennungen dritten Grades im Gesicht, am Oberkörper und an den Armen. Er wurde mit dem Hubschrauber in eine Spezialklinik geflogen. Der Sachschaden liegt bei ca. 60000 Euro.

b) Mögliche Lösung: ① <u>Verpuffung</u>: Sie entsteht dort, wo explosionsfähige, brennbare und organische Stäube entstehen (z. B. in einer Lackiererei, Schreinerei oder Bäckerei). Der Staub setzt sich nicht nur auf Boden oder Maschinen ab, sondern kleinste Staubpartikel befinden sich auch in der Luft. Bei entsprechender Staub-Luft-Konzentration fehlt nur noch ein Zündfunke oder eine elektrische Aufladung des Staubes und es kommt zur Explosion (Verpuffung). Gefahren können durch spezielle Maschinen mit Absaugvorrichtungen sowie Beratung und Kontrollen der Betriebe durch Experten (u. a. der Feuerwehr) vermieden werden.
② <u>Rauchvergiftung</u>: Sie kann bei einem Brand durch im Rauch enthaltene Atemgifte, wie z. B. Kohlenmonoxid, verursacht werden, aber auch beim Einatmen großer Mengen von Auspuffgasen, durch defekte Boiler oder Öfen. Entsteht eine Rauchentwicklung, sollte man dem Rauch ausweichen, z. B. im Gebäude einen Raum aufsuchen, der noch rauchfrei ist. Die Tür dann sofort schließen und nach Möglichkeit den Türschlitz mit einem feuchten Tuch abdichten. Falls man im Rauch eingeschlossen ist, sollte man sich auf den Boden begeben, weil dort der meiste Sauerstoff noch vorhanden ist und auch nach Möglichkeit ein feuchtes Tuch vor Mund und Nase halten.
③ <u>Stromschlag</u>: Beim Berühren eines Kabels oder anderer stromführender Gegenstände können Verletzungen, z. B. Verbrennungen, Muskelreizungen oder -lähmungen, die u. U. tödlich enden, entstehen. Grundsätzlich sollte man sich von Hochspannungsmasten oder Oberleitungen bei Zügen fernhalten und sich bei Gewitter nicht im Freien aufhalten. Auch bei der Benutzung von Elektrogeräten, wie z. B. dem Fön, ist darauf zu achten, dass keine Wasserquelle in der Nähe ist, denn Wasser leitet Strom. Bei entsprechenden Handwerksarbeiten sollte man sich zudem vergewissern, dass der Strom abgeschaltet ist.

2. a) <u>Wer</u>: ein 80-jähriger Mann, eine Frau, ein Mädchen
<u>Wann</u>: um 12.22 Uhr, am Montagmorgen, 08.08.2018
<u>Wo</u>: an der Bahnunterführung, Bushaltestelle Kreuzgartenstraße, Zentrumskreisel, im Stadion
<u>Was</u>: Wasserrohrbruch, Mülleimer brannte, Gasexplosion, Stromschlag, Verpuffung, Lkw in Vorgarten gerast
<u>Wie/Warum</u>: durch einen herabfallenden Ast, trockenes Stroh entzündete sich, beim Telefonieren nicht an eingeschaltetes Bügeleisen gedacht, auf Bananenschale ausgerutscht, Frischling rannte Wildsau hinterher, Krötenwanderung ausgewichen
<u>Welche Folgen</u>: Verbrennungen dritten Grades, Blechschaden, mit Hubschrauber abtransportiert, linken Arm gebrochen
<u>Überflüssige Angaben</u>: frisch lackierter, mit einer Glatze und vielen Altersflecken, altmodisch gekleidete, sonnigen, sehr, stundenlangen, verliebtes, unglücklich, verwirrter, bei Meyers, seit dem Unfall nicht mehr auf Baum geklettert, riesigen

b) geschehen, <u>passieren</u>, sich ereignen, vorfallen, ablaufen
berichten, informieren, mitteilen, <u>melden</u>, alarmieren
Blessur, Schramme, <u>Verletzung</u>, Kratzer, Wunde
Lkw, Motorrad, Pkw, Caravan, Traktor
gesellschaftlich, wohltätig, hilfsbereit, <u>sozial</u>, selbstlos
<u>Außenseiter</u>: Narbe, Schutzengel, Kinderwagen, einschlafen, verschweigen, rachsüchtig, Einrad, egoistisch, verklagen

Lösungen

c)

Infinitiv	Präsens	Perfekt	Präteritum	Plusquamperfekt	Futur I
löschen	sie löscht	sie hat gelöscht	sie löschte	sie hatte gelöscht	sie wird löschen
fahren	wir fahren	wir sind gefahren	wir fuhren	wir waren gefahren	wir werden fahren
melden	ihr meldet	ihr habt gemeldet	ihr meldetet	ihr hattet gemeldet	ihr werdet melden
brennen	er brennt	er hat gebrannt	er brannte	er hatte gebrannt	er wird brennen
rufen	sie rufen	sie haben gerufen	sie riefen	sie hatten gerufen	sie werden rufen
rennen	ich renne	ich bin gerannt	ich rannte	ich war gerannt	ich werde rennen

4.2 Tätigkeiten beschreiben (Koch/Köchin) — S. 39/40

1. a) Bildreihenfolge: 5, 3, 2, 1, 6, 4
   b) Zubereitung Wiener Schnitzel: Zunächst wird das Schnitzel mit einem Plattiereisen plattiert, damit es hauchdünn ist. Für das anschließende Panieren stellt man drei tiefe Teller bereit, die mit Mehl, verquirltem Ei und Semmelbröseln befüllt werden. Nun das Schnitzel mit Salz und Pfeffer würzen und bemehlen, um es dann durch die Eimasse zu ziehen. Dies macht man, damit die Semmelbrösel, in denen das Fleischstück als Letztes gewendet wird, haften bleiben. Jetzt in einer tiefen Pfanne so viel Butterschmalz erhitzen, dass das Schnitzel schwimmend ausgebacken werden kann und die Panade nicht am Pfannenboden kleben bleibt. Nach dem Braten legt man das Schnitzel kurz auf einen Küchenkrepp, um überflüssiges Fett abtropfen zu lassen. Zum Schluss das Schnitzel auf einen Teller geben und mit einer Zitronenscheibe garnieren.

2. a) anschließend, danach, zunächst, als Letztes, zuletzt, am Ende, jetzt, als Nächstes, …
   b) Einen Fisch filetieren: Als Erstes nimmt man ein scharfes Messer mit einer dünnen Spitze und schneidet den Fisch am Bauch entlang vom Schwanz bis zum Kopf auf. Der Schnitt darf nicht zu tief sein, damit keine Organe verletzt werden. Danach entfernt man die Organe mit den Händen und wäscht den Fisch sorgfältig aus. Es sollten keine Innereien zurückbleiben. Nun Flosse, Schwanz und den Kopf hinter den Kiemen abschneiden. Als Nächstes den Fisch schräg bis zur Mittelgräte einschneiden, indem man mit der Messerklinge unter das Fleisch geht und sie in Richtung Schwanz führt. Somit wird das Filet von der Mittelgräte abgelöst. Um das Filet von der anderen Seite zu lösen, legt man es auf die Hautseite und trennt das Fleisch vom Schwanz bis zum Kopf von der Haut. Abschließend wird das Bauchfett entfernt.

3. a) und b)

Aktiv	Passiv	Umwandlung
	1	Heute bereiten wir einen Auflauf mit frischen Gartenkräutern zu.
2		Mira wird vom Küchenchef für ihre leckere Soße gelobt.
	3	Ich habe alle Kartoffeln alleine geschält.
	4	(Sie/Er) hat den Gänsebraten erst vor zehn Minuten in den Ofen geschoben.
	5	Der Kochazubi wird für den Prüfungsausschuss einen „Gruß aus der Küche" zubereiten.
6		Die Tomatensuppe wurde von der Köchin mit frisch gemahlenem Pfeffer abgeschmeckt.
7		Der Nudelteig war von Can gut durchgeknetet worden.
	8	Paul hatte die Kokosnuss mit einem Hammer geöffnet.
	9	Die Kochlehrlinge haben ein Kilogramm Walnüsse geknackt.
10		Den Gästen sind von zwei Gemüseschnitzerinnen verschiedene Schnitztechniken vorgeführt worden.

Lösungen

4.3 Wege beschreiben (Fachkraft im Fahrbetrieb m/w) S. 41–43

1. a) Dom (B2), Römerturm (A2), Schokoladenmuseum (C4), Römisch-Germanisches Museum (B3), Deutsches Sport- und Olympiamuseum (C4)
   b) E3 (LANXESS arena), D3 (KölnTriangle Panorama), E1/2 (KölnMesse)
   c) Hohenzollernbrücke, darüber fahren die Züge (C2), Deutzer Brücke (C3), Severinsbrücke (C5/D4)

2. a) ① am Barbarossaplatz einsteigen und die U18 wählen, an der Haltestelle Zoo/Flora aussteigen
   ② am Rudolfplatz in die U1 oder U7 einsteigen, am Neumarkt umsteigen in die U16 oder U18, an der Haltestelle Dom/Hbf aussteigen
   ③ an der Severinstraße in die U3 oder U4 einsteigen, am Friesenplatz umsteigen in die U12 oder U15, an der Haltestelle Christophstraße/Mediapark aussteigen
   b) ① in der Poststraße in die U16 oder U18 einsteigen, am Barbarossaplatz umsteigen in die U12, an der Haltestelle Zollstock/Südfriedhof aussteigen
   ② am Ebertplatz in die U16 oder U18 einsteigen, an der Haltestelle Appellhofplatz/Breite Straße umsteigen in die U3 oder U4, an der Haltestelle Bf Deutz/LANXESS arena aussteigen

4.4 Tiere beschreiben (Tierpfleger/-in der Fachrichtung Tierheim und Tierpension) S. 44/45

1. a) Mögliche Lösung: Seit einem Jahr lebt unser etwa fünf Jahre altes Findelkind Lorenzio bei uns. Er wurde in einer Kiste unter einer Autobahnbrücke ausgesetzt und von Tierschützern gefunden. Lorenzio ist eine Perserkatze und hat ein kurzhaariges graues Fell. Sein linkes Auge hat er durch einen Katzenschnupfen verloren. Sonst ist er gesundheitlich fit, kastriert und zeigt ein sehr aktives Spielverhalten. Besonders gerne spielt er mit Wollknäueln. Er bevorzugt es, sich in Räumen aufzuhalten. Lorenzio verträgt sich mit anderen Katzen gut. Die Verträglichkeit mit anderen Tieren, z. B. Hunden, ist nicht bekannt. Auch wenn der Kater verschmust und kinderlieb ist, sollten Kinder im Haushalt mindestens zehn Jahre alt sein. Bleibt nur noch zu erwähnen, dass Lorenzio lediglich beim Essen wählerisch ist. Er bevorzugt Tatar, das er mit der Pfote isst.
   Wer sich für unser verschmustes „Gourmet-Findelkind" interessiert und ihm ein neues Zuhause geben möchte, meldet sich bitte beim Tierheim Blumenthal.
   i. A. Bjelle Bernhard (Tierpflegerin)
   b) Mögliche Lösung: Unser Kater Lorenzio sucht ein neues Zuhause

2. a) Offene Aufgabe
   b) Mögliche Lösung:
   Körpergröße: 13–18 cm
   Aussehen: Gefieder überwiegend grün oder gelbgrün, Kopf und Brust meist auffällig farbig, bei einigen Arten Oberschwanzdecke und Bürzel blau, weißer Augenring bei einigen Arten
   Vorkommen: tropisches Afrika
   Lebensweise: paarweise oder in kleinen Gruppen (gerade Anzahl)
   Nahrung: Hirse, Glanzsaat, Hafer, Hanf, Sonnenblumenkerne, Obst, Gemüse, Aufzucht- und Eifutter, frische Knospen, Baumrinde, Wasser, Tee
   Pflege: Futter- und Trinkwassergefäße sowie Bademöglichkeiten täglich reinigen, mindestens einmal pro Woche Käfig bzw. Voliere gründlich reinigen bzw. desinfizieren und Einstreu erneuern, zu lange Krallen und Schnäbel kürzen
   Haltung: Käfig mindestens 120 H x 100 B x 60 T cm, besser Voliere, Freiflug in der Wohnung gewähren
   Besonderheiten: extrem ausgeprägtes Paarverhalten, Paare dürfen nicht getrennt werden, aktiv, verspielt, neugierig
   c) Individuelle Lösung
   d) Individuelle Lösung, Rollenspiel muss Inforecherche und Steckbriefangaben berücksichtigen.

3. a) und b) Individuelle Lösung

Lösungen

4.5 Personen beschreiben (Polizeivollzugsbeamter/-beamtin im mittleren Dienst)   S. 46/47

1. a) und b) Individuelle Lösung

2. a) Beobachtet?
Eine Marktbesucherin entwendete ein Lammfell am Stand von Schäfer Bernhard Groß. Die Frau ist etwa 40 Jahre alt und leicht untersetzt, sodass sie eigentlich nicht diese enge Jeans tragen sollte. Sie hatte schwarze Haare, die sie kurz trägt. Durch die Haarfarbe fällt besonders ihre sehr blasse Hautfarbe auf. Man kann schon Leichenblässe dazu sagen. Sie hat eine tiefe, fast männliche Stimme. Sie hat ein Augenbrauenpiercing und am rechten Oberarm eine Narbe. Außerdem hat sie mitten auf ihrer schiefen Nase einen ekligen Leberfleck. Sie ist etwas kleiner als Herr Groß und dicker. Ihre kurzärmlige Bluse müsste jedem Marktbesucher ins Auge gefallen sein, da sie neongelb war. Die moderne Kleidung passte nicht zu ihren altmodischen weißen Turnschuhen. Das Lammfell ließ sie wahrscheinlich in einem dunkelbraunen Rucksack, der vielleicht auch am Donnerstag beim Täschner Klaus geklaut wurde und der an der linken Hand baumelte, verschwinden.
Hinweise über den Aufenthaltsort der Frau nimmt jede Polizeidienststelle entgegen.

b) Mögliche Lösung:
Frau klaut Lammfell – Zeugen gesucht!
Am Montag, den 30.07.2018, wurde auf dem Wochenmarkt in Langenhausen ein Lammfell am Stand von Schäfer G./Groß entwendet. Bei der gesuchten Person handelt es sich um eine etwa 40 Jahre alte, leicht untersetzte Frau, die ca. 1,60 m groß ist. Sie hat kurze, schwarze Haare und eine blasse Hautfarbe. Ihre rechte Augenbraue ziert ein Piercing und mitten auf ihrer schiefen Nase befindet sich ein Leberfleck. Bekleidet war sie mit einer engen Jeans, weißen Turnschuhen und einer kurzärmligen neongelben Bluse, sodass ihre Narbe am rechten Oberarm zum Vorschein kam. In der linken Hand hielt sie einen dunkelbraunen Rucksack. Auffallend an der Frau ist ihre tiefe, fast männliche Stimme. Wer die Frau kennt oder den Diebstahl beobachtet hat, wendet sich bitte an die Polizeidienststelle in Langenhausen.

3. a) Mögliche Lösung: 1. Alter, Geschlecht, 2. Gestalt, Erscheinung, 3. Kopf, 4. Haare, 5. Gesicht (Ohren, Augen, Brauen, Nase, Mund, Mundwinkel, Lippen, Kinn), 6. Hals, 7. Besonderheiten, 8. Kleidung

b) Mögliche Lösung: Alter (zwanzig), Geschlecht (Mädchen), Gestalt (schmal, zierlich), Erscheinung (gepflegt), Kopf (schmal, rund, oval), Haare (braun, Locken, lang, gepflegt, struppig), Gesicht (breit, schmal, rund, oval), Ohren (abstehend, spitz, lang), Augen (braun, hervorstehend, mandelförmig), Brauen (gezupft, breit, schmal, buschig), Nase (breit, schmal, spitz, lang), Mund (breit, schmal), Mundwinkel (nach unten), Lippen (breit, schmal), Kinn (breit, hervorstehend, spitz), Hals (breit, schmal, lang), Besonderheiten (Muttermal, Brille), Kleidung (kurzärmlig, gelb, knielang, braun, Jeansrock, lang, Bluse, Sandalen, goldfarben, durchsichtig)

c) Individuelle Lösung

4.6 Versuchsprotokolle anfertigen (Physiklaborant/-in)   S. 48–50

1. a) Individuelle Lösung

b) Versuch: Hook
Frage: Welcher Zusammenhang besteht zwischen der Gewichtskraft, die auf eine Schraubenfeder wirkt, und der Ausdehnung der Feder?
Vermutung: Die Ausdehnung der Feder ist proportional zur angehängten Masse, d. h. zur Gewichtskraft.
Materialien, Geräte: Stativmaterial, Schraubenfeder, Massestücke, Lineal
Versuchsaufbau und Durchführung: Zunächst wird die Position der unbelasteten Feder markiert. Danach werden verschiedene Massestücke an die Feder gehängt und die jeweiligen Ausdehnungen (Strecken a, b, c, …) gemessen. Die Messwerte werden in die Tabelle übertragen und anschließend in einem Diagramm dargestellt.

Lösungen

Beobachtungen und Messwerte: (siehe Tabelle und Diagramm)
Ergebnis: Verdoppelt (verdreifacht) sich die Masse, so verdoppelt (verdreifacht) sich auch die Ausdehnung der Feder. Die Ausdehnung ist proportional zur angehängten Masse.

2. a) – genaues Datum und Name des Versuchs nennen
   – das Versuchsprotokoll gliedern in Fragestellung, Vermutung, Materialien/Geräte, Aufbau, Durchführung, Beobachtung, Messwerte, Ergebnis
   – sachliche und genaue Sprache (z. B. halbrunder Glaskörper, Winkel α, β, Geodreieck = Winkelmesser, …)
   – keine eigene Meinung, Bewertungen oder Unwichtiges (z. B. Herr Larson verspätete sich, begriffsstutzige Paula, ging's auch schon los)

   b) Mögliche Lösung: Versuch: Brechung von Licht
   Frage: Wie wird Licht an der Grenzfläche von Luft und Glas gebrochen?
   Vermutung: Das Licht wird zum Lot hin gebrochen.
   Materialien, Geräte: Lichtquelle mit Blende, Winkelmesser (Geodreieck), halbrunder Glaskörper
   Versuchsaufbau und Durchführung: Ein Lichtstrahl trifft auf den halbrunden Glaskörper in seinem Mittelpunkt. An der Grenzfläche wird der Lichtstrahl gebrochen. Für verschiedene Winkel werden der Einfallswinkel und der Brechungswinkel gemessen.
   Beobachtung und Messwerte: Anhand der gemessenen Werte in der Tabelle lässt sich erkennen, dass der Winkel β immer kleiner ist als der Winkel α. Allerdings verdoppelt sich β nicht, wenn sich α verdoppelt.
   Ergebnis: Das Licht wird zum Lot hin gebrochen. Überträgt man die Messwerte in ein Diagramm, so erkennt man, dass die Kurve immer flacher wird.

3. a) Versuch: Volumenänderung von Luft
   Vermutung: Erwärmte Luft dehnt sich aus bzw. das Luftvolumen wird bei Abkühlung kleiner.
   Versuchsaufbau: Ein Luftballon wird über eine Glasflasche gestülpt. Der Topf wird mit etwas Wasser gefüllt und die Glasflasche mit dem Luftballon im Topf platziert.
   Versuchsdurchführung 1: Auf einer Herdplatte wird die Flasche mit dem Luftballon im Topf erwärmt.
   Beobachtung und Messwerte 1: Das Wasser im Topf erwärmt sich, bis es anfängt zu sieden. Der Luftballon richtet sich in dieser Zeit immer mehr auf.
   Versuchsdurchführung 2: Die warme Flasche wird in kaltes Wasser (evtl. in ein Eis-Wasser-Gemisch) gestellt.
   Beobachtung und Messwerte 2: Beim Abkühlen der Flasche im kalten Wasser verliert der Luftballon wieder seine Form. Unter Umständen wird er sogar in die Flasche hineingezogen.
   Ergebnis: Erwärmte Luft dehnt sich aus. Beim Abkühlen zieht sich die Luft zusammen. Das Luftvolumen ändert sich bei Temperaturänderungen.

   b) Individuelle Lösung

4.7 Angebote erstellen (Immobilienkaufmann/-frau) S. 51/52

1. a) Objekt/Immobilie: 1 Garage, bezugsfrei ab April 2019, Grundstück 940 m², Baujahr 1983, Süd-Balkon und Süd-Terrasse, Kaufpreis 400 000 €, Wfl. 230 m², EFH, freistehend, 8 Zimmer (4 Schlafzimmer, 2 Bäder, 1 Gäste-WC, 1 Wohnküche), Sanierung 2014, 2 Etagen, Keller
   Ausstattung: gehoben, gepflegter Garten mit Teich und Gartenhaus, Sauna, Tageslichtbäder, Doppelgarage, offene Küche mit Kochinsel, vollausgestattet mit hochwertigen Küchengeräten, offener Kamin im Wohnzimmer, Eichenparkettböden
   Lage: Feldrandlage, gute infrastrukturelle Umgebung (Arztzentrum, Kindergärten, Grundschule, Einkaufsmöglichkeiten), ideal für Kinder, unverbauter Blick ins Grüne/Wald, Sackgasse, verkehrsgünstig (Bahnhof, Autobahn), verkehrsberuhigt
   Sonstiges: tierhaarfrei, Nichtraucherhaushalt

   b) Individuelle Lösung unter Berücksichtigung der genannten Beschreibungsmerkmale und zugeordneten Stichpunkte: Objekt/Immobilienbeschreibung, Ausstattung, Lage, Sonstiges

Lösungen

c) Müllhalde (Entsorgungspark), Hausmeister (Facility Manager), billig (preiswert), Schuldner (Kreditnehmer), schlecht (suboptimal), abreißen (zurückbauen), teuer (kostenintensiv/hochpreisig), Urlaub zu Hause (Balkonien), Altersheim (Seniorenresidenz,-stift), Wohnung/Wohnhaus (Domizil/Oase), baufällig (sanierungsbedürftig), Grundbesitz (Immobilie), pleite (insolvent)

2. a) Nebenkosten (NK), Dachterrasse (DT), Altbau (AB), mit Fenster (m. F.), Küche-Diele-Bad (KDB), Waschmaschine (WaMa), Haustiere (Hat.), Wohnfläche (Wfl.), Einbauküche (EBK), Badewanne (BaWa), Südbalkon (S-Balk.), Mehrfamilienhaus (MFH)
b) OG (Obergeschoss), EB (Erstbezug), MM (Monatsmiete), ETH (Etagenheizung), VR (Vorratsraum), NB (Neubau)
c) KM = Kaltmiete: Gemeint ist hiermit die Miete ohne Nebenkosten (Heizung, Strom, Wasser). Die Kaltmiete wird für die reine Raumnutzung erhoben. Der Mieter erhält eine Nebenkostenabrechnung, die er zusätzlich bezahlen muss.
WM = Warmmiete: Das ist der zu zahlende Gesamtbetrag, der alle anfallenden Nebenkosten enthält. Er wird im Mietvertrag festgehalten.
d) Eine Wohngemeinschaft (WG) bedeutet, dass mehrere unabhängige Personen in einer Wohnung zusammenleben, die sich die Miete und Räume wie Küche, Bad und Wohnzimmer teilen.
e) Die Abkürzung WBS steht für Wohnberechtigungsschein. Diese Bescheinigungen bekommen Personen, die Sozialleistungen bei den Städten und Gemeinden beziehen. Damit kann dem Vermieter gegenüber nachgewiesen werden, dass der Mieter berechtigt ist, eine Sozialwohnung anzumieten.
f) ① Grünhausen: Schöne 3-Zimmer-Wohnung in Mehrfamilienhaus, Nichtraucher, Baujahr 1990, ca. 75m², mit neuer Einbauküche und Balkon für 500 € Kaltmiete und zusätzlich 120 € Nebenkosten.
② Knittelfeld: Neubau, Dachgeschosswohnung, geschlossener Südbalkon, 70 m², Laminat, Einbauküche, zentrale und ruhige Lage, 400 € Kaltmiete und zusätzlich 110 € Nebenkosten.
③ Rosenberg: Erstbezug, Wohnung im 1. Obergeschoss, zentrale Lage, Wohnfläche 70 m² ohne Balkon, Duschbad mit Fenster, Einbauschrank, Fußbodenheizung und Kochnische. Die Warmmiete beträgt 800 €.
④ Steinfelden: Kleine 2-Zimmer-Wohnung mit Einbauküche im 4. Obergeschoss, 42 m² groß, mit Keller. Die Kaltmiete beträgt 170 €, die Nebenkosten belaufen sich auf 100 €. Es ist ein Wohnberechtigungsschein erforderlich.

3. Individuelle Lösung

4.8 Prdukte bewerben (Mediengestalter/-in Digital und Print der Fachrichtung Konzeption und Visualisierung) — S. 53/54

1. a) und b) Individuelle Lösung

2. a) ① Fremdwörter: Come in and find out (Douglas)
② Alliteration: Freude am Fahren (BMW)
③ Reim: 3…2…1…meins! (eBay)
④ Rhetorische Frage: Sind Sie on? (E.ON)
⑤ Ellipse: Gute Reise. Gute Besserung. (Ratiopharm)
⑥ Wortneuschöpfung: Bei Technik-Fragen – Tech-Nick fragen (Saturn)
⑦ Personifikation: Die klügere Zahnbürste gibt nach. (Dr. Best)
b) Individuelle Lösung

3. a) Individuelle Lösung

4. a) und b) Individuelle Lösung

Lösungen

5.1 Aktiv und Passiv (Verwaltungsfachangestellte/-r der Fachrichtung Kommunalverwaltung) S. 55/56

1. a) und b) Tulpenbeet im Stadtpark von Rosensteinbach zerstört

Dem Ordnungsamt <u>wurde</u> am Morgen die Verwüstung des Tulpenbeets am Parkeingang, das für das 50-jährige Parkfest <u>angelegt wurde</u>, <u>gemeldet</u>. Es <u>wurden</u> Blumen <u>herausgerissen</u> und <u>zertrampelt</u> sowie Blütenblätter <u>abgerupft</u> und über das Beet und die Grünflächen <u>verstreut</u>. Der Sachschaden <u>wird</u> auf 3000 Euro <u>geschätzt</u>. Es <u>wird vermutet</u>, dass es sich um mehrere Täter handelt, da verschieden große Schuhabdrücke in der Erde <u>gefunden wurden</u>. Die Ermittlungen <u>wurden aufgenommen</u>.

2. a) und b)

Aktiv	Passiv
Zwei Angestellte des Ordnungsamtes belehren den Hundebesitzer. ①	Der Hundebesitzer wird (von zwei Angestellten des Ordnungsamtes) belehrt.
Ich schreibe den Bescheid. ②	Der Bescheid wird (von mir) geschrieben.
Praktikant Hannes ordnet die Akten alphabetisch.	Die Akten werden alphabetisch geordnet. ③
Die Polizei sperrte gestern die Straße zwischen den beiden Ortschaften.	Gestern wurde die Straße zwischen den beiden Ortschaften gesperrt. ④
Tobias muss 35 Sozialstunden bei der Gemeinde ableisten. ⑤	35 Sozialstunden müssen (von Tobias) bei der Gemeinde abgeleistet werden.
Ehrenamtliche Wahlhelfer werten die Wahlergebnisse aus.	Die Wahlergebnisse werden ausgewertet. ⑥
Herr Ordentlich nimmt im Bürgerbüro Anträge für den Personalausweis an. ⑦	Anträge für den Personalausweis werden (von Herrn Ordentlich) im Bürgerbüro angenommen.

1. a) ① Das Grundstück ist verkauft.
② Die Mülltonnen werden geleert.
③ Die Akte ist bearbeitet.
④ Der Bürgersteig wird repariert.
⑤ Die Einladungen sind verschickt.
⑥ Die E-Mails sind geschrieben.

b) ① Die Wählerstimmen werden gezählt. (Präsens)
Die Wählerstimmen wurden gezählt. (Präteritum)
Die Wählerstimmen sind gezählt worden. (Perfekt)
Die Wählerstimmen waren gezählt worden. (Plusquamperfekt)
Die Wählerstimmen werden gezählt werden. (Futur I)
Die Wählerstimmen werden gezählt worden sein. (Futur II)

② Die Bescheide sind abgeheftet. (Präsens)
Die Bescheide waren abgeheftet. (Präteritum)
Die Bescheide sind abgeheftet gewesen. (Perfekt)
Die Bescheide waren abgeheftet gewesen. (Plusquamperfekt)
Die Bescheide werden abgeheftet sein. (Futur I)
Die Bescheide werden abgeheftet gewesen sein. (Futur II)

③ Das Projekt wird besprochen. (Präsens)
Das Projekt wurde besprochen. (Präteritum)
Das Projekt ist besprochen worden. (Perfekt)
Das Projekt war besprochen worden. (Plusquamperfekt)
Das Projekt wird besprochen werden. (Futur I)
Das Projekt wird besprochen worden sein. (Futur II)

④ Der Antrag ist unterschrieben. (Präsens)
Der Antrag war unterschrieben. (Präteritum)
Der Antrag ist unterschrieben gewesen. (Perfekt)
Der Antrag war unterschrieben gewesen. (Plusquamperfekt)
Der Antrag wird unterschrieben sein. (Futur I)
Der Antrag wird unterschrieben gewesen sein. (Futur II)

Lösungen

5.2 Indirekte Rede (Justizfachangestellte/-r)   S. 57–59

1. a) Der Zeuge Darius sagte, er habe für seine Freunde und sich schon oft am Parkkiosk Alkopops geholt. Die Zeugin Amelie behauptete, dass dies beim Kiosk Rainer's Eck ganz einfach sei. Sie habe noch nie einen Ausweis zeigen müssen, wenn sie zum Beispiel freitagabends eine Flasche Wodka gekauft habe. Der Zeuge Bob meinte, Herr Pollmann habe ihm immer den Rotwein für seinen 75 Jahre alten Opa Heinz mitgegeben.
Die Kläger betonten, dass dieses Verhalten unverantwortlich sei. Herr Pollmann gefährde nicht nur die Gesundheit ihrer Tochter, sondern auch die von anderen Kindern und Jugendlichen. Sie würden dafür sorgen, dass er das zukünftig nicht mehr tun könne.
Der Angeklagte äußerte, in der heutigen Zeit müsse man sehen, wo man bleibe. Der Verkauf von Alkohol und Zigaretten erziele den meisten Gewinn und Jugendliche würden die stärkste Kaufkraft darstellen. Außerdem läge die Verantwortung und Aufsicht bei den Eltern. Er sei für die Erziehung der Tochter nicht verantwortlich. Die Eltern hätten sie aufzuklären.
   b) Individuelle Lösung
   c) meinen, erklären, antworten, behaupten, feststellen, betonen, äußern, raten, auffordern, befehlen, …
   d) ① Der Rechtsanwalt meint: „Ich bekomme erst morgen die Polizeiakte zugeschickt."
   ② Der Dieb befahl seinem Komplizen: „Lenk du die Verkäuferin ab!"
   ③ Jacky bat ihre getrennt lebenden Eltern: „Hört bitte auf zu streiten!"
   ④ Der Polizist fragte den Gutachter: „Haben Sie das Unfallfahrzeug schon gesehen?"
   ⑤ Ein Schüler hat mir gegenüber behauptet: „Ich gehe fast jede Woche einmal im Kaufhaus klauen."
   e) ① 1. Satz: Er behauptete, dass er keine Schuld an dem Unfall habe.
   ② 1. Satz: Die Polizistin fragte, ob es noch weitere Zeugenaussagen zum Unfallhergang gebe.
   ③ 3. Satz: Der Zeuge meint, die Fahrsicherheit hänge entscheidend von dem Alter des Autofahrers ab.

2. a) du kommest, sie säßen/würden sitzen, wir seien, man wisse, du suchest, ihr fraget, du sehest, sie sage, ich liefe/würde laufen, es kaufe
   b) ① Zukunft, ② Gegenwart, ③ Vergangenheit, ④ Gegenwart, ⑤ Zukunft, ⑥ Vergangenheit
   c) Individuelle Lösung

6.1 Rechtschreibfehler korrigieren (Restaurantfachmann/-frau)   S. 60/61

1. a) Rinderha**g**fleisch, gef**üh**lte, Paprikascho**tt**en, Ro**g**enschmalzbrot, **M**ehrsalz, Kna**g**iger, Ka**l**pfleischspieß, Kle**g**s, **Wi**eldschweinbraten, Kr**eu**termantel, Rotko**l**beet, **Lahm**rücken, **E**rpsen, **G**ensekeule, gla**ss**iert, Str**äus**eltaler, getre**n**kt, Ro**ß**enwasser, best**eu**bt, Schokoladenpu**d**ing, ge**ä**rnteten

Lösungen

b)

Fehlerwort	Fehlerart	Strategie zur Fehlervermeidung
Rinderhackfleisch	g statt ck	ableiten von „hacken"
gefüllte	üh statt ll	kurz gesprochener Vokal –> Konsonantenverdoppelung ableiten von „Füllung"
Paprikaschoten	tt statt t	lang gesprochener Vokal –> einfacher Konsonant
Roggenschmalzbrot	g statt gg	kurz gesprochener Vokal –> Konsonantenverdoppelung
Meersalz	eh statt e	Schreibung ändert Wortbedeutung lang gesprochener Vokal -e –> Vokalverdoppelung
knackiger	g statt ck	ableiten und verlängern: „Knacker" oder „knacken"
Kalbfleischspieß	p statt b	ableiten von „Kälber" oder „kalben"
Klecks	gs statt cks	ableiten von „klecksen", verlängern: „Kleckse"
Wildschweinbraten	i statt ie	kurz gesprochener Vokal -i, lang gesprochenes -i in der Regel als -ie geschrieben
Kräutermantel	eu statt äu	ableiten von „Kraut"
Rotkohlbeet	oh statt o	lang gesprochener Vokal -o Dehnungs-h steht vor den Konsonanten l, m, n und r
Lammrücken	ahm statt amm	Schreibung ändert Wortbedeutung kurz gesprochener Vokal -a –> Konsonantenverdoppelung
Erbsen	p statt b	Merk-/Lernwort
Gänsekeule	e statt ä	ableiten von „Gans"
glasiert	falsche Schreibung s-Laut (s, ss, ß)	lang gesprochener Vokal –> s-Schreibung erste Silbe offen und s-Laut summt
Streuseltaler	äu statt eu	ableiten von „streuen" Ein eu im Wortstamm kann nie zu einem äu werden.
getränkt	e statt ä	ableiten von „Trank" oder „Tränke" Das a im Wortstamm wird im Präteritum zum ä.
Rosenwasser	falsche Schreibung s-Laut (s, ss, ß)	lang gesprochener Vokal –> s-Schreibung erste Silbe offen und s-Laut summt
bestäubt	eu statt äu	ableiten von „Staub", „einstauben"
Schokoladenpudding	d statt dd	kurz gesprochener Vokal –> Konsonantenverdoppelung
geernteten	ä statt e	ableiten von „Ernte" oder „ernten" Ein e im Wortstamm kann nie zu einem ä werden.

2. Panierter, hessischer, hausgemachter, Preiselbeermarmelade, Geräucherte, Kroketten, Senfmayonnaise, Putenschnitzel, Bioqualität, Chips, Zimt, Apfelkompott, Aubergine, Zucchini, Kirschtomaten, Brokkoli, Tagesempfehlung, Rinderfilet, Kräuterdip

3. a) Mögliche Lösung

Ableitung auf -isch	Ableitung auf -er
spanische Tortilla	Leipziger Allerlei
griechischer/italienischer Salat	Nürnberger Lebkuchen
bayrische Knödel	Thüringer Bratwurst
chinesische Glasnudeln	Wiener Schnitzel
schwäbische Spätzle	Schweizer Käse
ungarisches Gulasch	Lübecker Marzipan
indischer Tee	Schwarzwälder Kirschtorte
hessischer Apfelwein	

b) Individuelle Lösung

Lösungen

6.2 Textkorrektur (Hotelkaufmann/-frau) — S. 62/63

1. a)–c) R: im Grünen (Nominalisierung von Adjektiven)
   zwei Gehminuten (Grundzahlen kleinschreiben)
   gestressten (kurzer Vokal, s-Laut verdoppelt sich)
   Sie, Ihnen (Anredepronomen großschreiben)
   Erster Mai (Eigennamen großschreiben)
   der Ersten (Ordnungszahl großschreiben, wenn davor ein Artikel steht)
   jedem Zehnten (Ordnungszahl großschreiben, wenn davor ein Pronomen steht)
   Malkurs (ableiten von „malen" oder „Malerei")
   donnerstags (Zeitangaben auf Endung -s kleinschreiben)
   tagsüber (Zeitadverbien kleinschreiben)
   Spaß (langer Vokal, zischender s-Laut, verlängern: „Späße")
   kein Entkommen (Nominalisierung von Verben)
   seit (Zeitangabe, nicht die Verbform)
   drei Jahren (Grundzahlen kleinschreiben)
   lautes Lachen, kräftiges Klatschen und Stampfen (Nominalisierung von Verben)
   fährt (ableiten von „fahren")
   Dschungelbad (verlängern: „Bäder")
   war (Vergangenheit vom Verb „sein")
   Freitagmittag (Zeitangaben, die Nomen sind, großschreiben)
   Wildkräuter (ableiten von „Kraut")
   essbare (kurzer Vokal, s-Laut verdoppelt)
   Ihre Kinder (Anredepronomen großschreiben)
   viel Spannendes und bestimmt auch Gruseliges (Nominalisierung von Adjektiven)
   Sie (Anredepronomen großschreiben)
   wieder (im Sinne von „erneut", „wiederholen")
   Z: (…) Restaurants erreicht (…): kein Komma, vollständiger Hauptsatz
   (…) Kindern, die (…): Komma, Relativsatz, eingeleitet durch RP „die"
   (…) wohlfühlen, weil (…): Komma, zweiter Nebensatz = Kausalsatz
   (…) Kinderbetreuung an, die (…): Komma, Relativsatz, eingeleitet durch RP „die"
   (…) Tagesprogramm, an dem (…): Komma, Relativsatz, eingeleitet durch RP „dem"
   (…) Malkurs, der (…): Komma, Relativsatz, eingeleitet durch RP „der"
   (…) Gruseliges, denn (…): Komma, Nebensatz = Kausalsatz
   Gr: Das sieht für die Zeit (…): s-Schreibung, da es Demonstrativpronomen ist
   (…) Frühstück, das (…): s-Schreibung, da es Relativpronomen ist
   (…) denn das sind unsere (…): s-Schreibung, da es Demonstrativpronomen ist

2. a) und c) ① Das Betreten der Rasenfläche ist verboten/nicht erlaubt.
   ② Das Rauchen in den Schiffskabinen ist verboten/nicht erlaubt.
   ③ Beim Verlassen des Hotelzimmers ist das Schließen aller Fenster und der Balkon- bzw. Terrassentür Pflicht.
   b) und c) Mögliche Lösung: Das Springen vom Beckenrand des Pools ist verboten.
   Das Tragen von Strand- und Badebekleidung im Restaurant ist nicht erlaubt.
   Das Mitnehmen von hoteleigenen Bademänteln oder Handtüchern ist strafbar.
   Kaputtes Inventar zum Entsorgen auf der Bungalowterrasse platzieren.

3. a) das Schöne, das Reisen, jahrelangem Sparen, etwas Einmaliges, nichts Verrückteres, beim Öffnen, ein Stocken, ein Aufreißen, allerhand Außergewöhnliches, das Beste, Beim Genießen, etwas Langersehntes, viel Spannendes und Abwechslungsreiches, beim Feiern, Tanzen oder Relaxen, vom Essen und Trinken, stundenlanges Packen, das Einzige
   b) Individuelle Lösung

Lösungen

6.3 Fremdwörter verstehen und verwenden (Konditor/-in)   S. 64/65

1. a) ① karamellisieren ② temperieren ③ garnieren ④ blanchieren ⑤ glasieren

b) und c) dressieren: z. B. eine Torte mit einer Creme, die aus einem Spritzbeutel/Dressiersack gedrückt wird, verzieren[1]

gratinieren: z. B. einen Auflauf mit Käse überbacken, bis sich eine Kruste bildet

aprikotieren: warmen Kuchen oder Gebäck mit Marmelade bestreichen

kandieren: z. B. Obst und Früchten den Wassergehalt entziehen und sie mit einer Zuckerlösung überziehen, um sie somit haltbar zu machen

farcieren: Kuchen, Gebäck mit einer vorbereiteten Masse füllen oder bestreichen

gelieren: Speisen zum Erstarren/Gefrieren bringen, zu einer halbfesten Masse werden lassen, besonders Früchtegelee

<u>tranchieren</u>: besonders Braten-, Wild- oder Geflügelfleisch fachgerecht schneiden, zerlegen

<u>filtrieren</u>: Fachsprache, man kann auch filtern sagen; z. B. feste Bestandteile von Flüssigkeiten trennen; Kaffeepulver filtern

<u>panieren:</u> Fleisch, Fisch oder Gemüse vor dem Braten der Reihe nach in Mehl, Ei und Semmelbrösel wälzen

passieren: durchseihen, z. B. Früchte oder Soßen durch ein Sieb rühren/streichen

2. a) Maschine, Gelee, Pinzette, Nuance, Sandwich, Kuvertüre, Krokant, Portion, Hektik, Konfekt

b) Maschine: frz./Gerät mit beweglichen Teilen, das menschliche oder tierische Arbeitskraft ersetzt und Arbeiten ausführt[2]

Gelee: frz./eingedickter Fleisch- oder Fruchtsaft

Pinzette: frz./kleine Greifzange zum Fassen von kleinen und empfindlichen Gegenständen/Zutaten

Nuance: frz./Abstufung, feiner Unterschied

Sandwich: engl./belegtes Weißbrot mit z. B. Käse oder Wurst

Kuvertüre: frz./Überzugmasse für Gebäck und Pralinen aus Kakao, Kakaobutter und Zucker

Krokant: frz./knusprige Masse aus gehackten Nüssen oder Mandeln und karamellisiertem Zucker

Portion: lat./abgemessene Menge bei Speisen

Hektik: lat./Eile, übertriebene Aufregung, Stress

Konfekt: lat./anderer Ausdruck für Pralinen oder Teegebäck

3. a)

Nomen	Verben	Adjektive
Gelatine	gelatinieren	gelatinös
Produktion	produzieren	produktiv
Zentrum	zentrieren	zentrisch
Dekoration	dekorieren	dekorativ
Präzision	präzisieren	präzise

b) Individuelle Lösung

4. a) ① Patisserie ② Baiser ③ Fondant ④ Dessert ⑤ Appetit ⑥ Delikatesse

Quellenverzeichnis

Bildquellen

S. 5: Schaf wird geschoren © Christian Schwier – stock.adobe.com
Schäfer mit Hütehund und Herde © Bergringfoto – stock.adobe.com
Schäferin füttert Lamm © Miriam Doerr Martin Frommherz – Shutterstock.com

S. 7: Verkäuferin © Iakov Filimonov – Shutterstock.com

S. 10: Callcenter-Mitarbeiter © Jeanette Dietl – stock.adobe.com

S. 12: Logopädin © RFBSIP – stock.adobe.com

S. 15: Diätassistentin © Andrey Popov – stock.adobe.com

S. 18: Mann am PC © contrastwerkstatt – stock.adobe.com

S. 22: Wetterstation © Fineart1 – Shutterstock.com

S. 25: Textilreinigerin © Kzenon – stock.adobe.com
Piktogramm Reizend: https://commons.wikimedia.org/wiki/File%3AGHS-pictogram-exclam.svg
Piktogramm Leicht entzündlich: https://commons.wikimedia.org/wiki/File%3AGHS-pictogram-flamme.svg
Piktogramm Ätzend: https://commons.wikimedia.org/wiki/File%3AGHS-pictogram-acid.svg

S. 26: Piktogramm Schutzhandschuhe tragen: https://commons.wikimedia.org/wiki/File%3AISO_7010_M009.svg
Piktogramm Warnung vor giftigen Stoffen: https://commons.wikimedia.org/wiki/File%3AISO_7010_W016.svg
Piktogramm Feuerlöscher: https://commons.wikimedia.org/wiki/File%3AISO_7010_F001.svg
Piktogramm Notausgang links: https://commons.wikimedia.org/wiki/File%3ARettungszeichen_Notausgang_links_2007.gif
Piktogramm Schutzschuhe tragen: https://commons.wikimedia.org/wiki/File%3AISO_7010_M008.svg
Piktogramm Inliner fahren verboten © fotohansel – stock.adobe.com
Piktogramm Gehörschutz tragen: https://commons.wikimedia.org/wiki/File%3AISO_7010_M003.svg
Piktogramm Erste Hilfe: https://commons.wikimedia.org/wiki/File%3AISO_7010_E003_-_First_aid_sign.svg
Piktogramm Vorsicht Rutschgefahr: https://commons.wikimedia.org/wiki/File%3AD-W028_Warnung_vor_Rutschgefahr.svg
Piktogramm Warnung vor Kälte: https://commons.wikimedia.org/wiki/File%3ADIN_4844-2_Warnung_vor_Kaelte_D-W017.svg
Piktogramm Zutritt für Unbefugte verboten: https://commons.wikimedia.org/wiki/File%3ADIN_4844-2_D-P006.svg
Piktogramm Sammelstelle: https://commons.wikimedia.org/wiki/File%3AE011.svg
Piktogramm Kein Trinkwasser: https://commons.wikimedia.org/wiki/File%3AISO_7010_P005.svg
Piktogramm Für Behinderte: https://commons.wikimedia.org/wiki/File%3AHandicapped_Accessible_sign.svg
Piktogramm Fotografieren verboten: https://commons.wikimedia.org/wiki/File%3AISO_7010_P029.svg

S. 27: Büroangestellte © michaeljung – Shutterstock.com

S. 31: Buchhändlerin © Vitezslav Halamka – Shutterstock.com

S. 34: Tourismuskauffrau © wavebreakmedia – Shutterstock.com

S. 36: Europakarte © kartoxjm – stock.adobe.com

S. 37: Feuerwehrmann © T-Design – Shutterstock.com

S. 39: Koch © grafvision – Shutterstock.com

S. 41: Straßenbahnfahrerin © Phovoir – Shutterstock.com

S. 43: Stadtplan Köln © mapz.com - Map Data: OpenStreetMap ODbL
Schienennetz-Plan 2018 Region Köln © Verkehrsverbund Rhein-Sieg

S. 44: Tierpflegerin © belizar – Shutterstock.com

S. 46: Polizist © mattomedia Werbeagentur – Shutterstock.com

S. 48: Physiklaborant © ligthpoet – stock.adobe.com

S. 51: Immobilienkauffrau © Daisy Daisy – stock.adobe.com

Quellenverzeichnis

S. 53: Mediengestalter © wavebreakmedia – Shutterstock.com
S. 55: Verwaltungsfachangestellte © Andrey_Popov – Shutterstock.com
S. 57: Justizfachangestellter © contrastwerkstatt – stock.adobe.com
S. 60: Restaurantfachmann © Africa Studio – Shutterstock.com
S. 62: Rezeptionistin © contrastwerkstatt – stock.adobe.com
S. 64: Konditor © LIGHTFIELD STUDIOS – stock.adobe.com

Textquellen

S. 14: Rilke, Rainer Maria: „Der Panther", aus: Marcel Reich-Ranicki (Hg.). 1000 Deutsche Gedichte und ihre Interpretationen. Bd. 5. Insel, Frankfurt, Leipzig 1994
Wolfenstein, Alfred: „Städter", aus: Kurt Pinthus (Hg.). Menschheitsdämmerung. Rowohlt Verlag, Reinbek 1980

S. 19/69: Fontane, Theodor: „John Maynard", unter:
http://gutenberg.spiegel.de/buch/-4504/214 (abgerufen am 01.03.2018)
Ernst, Otto: „Nis Randers", unter:
http://gutenberg.spiegel.de/buch/deutsche-balladen-aus-ferdinand-avenarius-balladenbuch-8389/193 (abgerufen am 01.03.2018)

S. 21: Hebel, Johann Peter: „Der Babierjunge von Segringen", aus: Kalendergeschichten. Sämtliche Erzählungen aus dem Rheinländischen Hausfreund. Carl Hanser Verlag, München 1999